Bernd Bersch - Hunsrück heißt Honsreck
Dritte Auflage

Kontrast Verlag
D-56291 Pfalzfeld
www.kontrast-verlag.de

Titelgestaltung: Bajo
Titelfotos oben von links:
Geierlay Hängeseilbrücke (Bernd Bersch)
Kirche Sabershausen (Barbara Jost)
unten von links:
Raketenkuh Bell (Barbara Jost)
Hunsrückbahn bei Boppard mit Viadukt (Bernd Bersch)
Foto Rückseite: Hunsrücklandschaft zwischen Beltheim
und Dommershausen (Bernd Bersch)
ISBN 978-3-941200-95-1

Bernd Bersch

Hunsrück heißt Honsreck

Dritte Auflage

Wörterbuch Hunsrücker Dialekt
Hochdeutsch und umgekehrt
sowie Grammatik

Wierderboch Honsregger Platt
Hudeitsch on emgekiert
suwie Grammadik

Grußwort

der Minister-
präsidentin
des Landes
Rheinland-Pfalz

Malu Dreyer

© Staatskanzlei RLP – Elisa Biscotti

Liebe Freunde und Freundinnen des Honsregger Platt,

liebe Leser und Leserinnen,

Rheinland-Pfalz hat eine lebendige regionale Kultur mit ganz eigenen Traditionen, Geschichten und vielfältigen Dialekten. Deswegen freut es mich ganz besonders, dass Sie heute ein Nachschlagewerk in den Händen halten, das seinen Lesern und Leserinnen einen fundierten Einblick in die sprachlichen Besonderheiten des Honsregger Platt bietet.

Die Pflege und die Bewahrung der Mundarten, der regionalen Dialekte und historisch gewachsener Spracheigenheiten ist eine wichtige Aufgabe. In einer globalisierten Welt, in der sich nicht nur mehr Einflüsse anderer Sprachen in höherer

Frequenz in unserem Wortschatz und sogar manchmal unserer Syntax einfinden, als es schon immer in den vergangenen Jahrhunderten der Fall war, in einer Welt in der Fremdsprachenkenntnisse schon im Kindesalter gefördert werden, um sich flexibel in einer modernen Welt bewegen zu können, ist es schön, den Blick auch einmal auf das zu richten, was nahe liegt, auf das, was Heimat ist. Denn Regiolekte sind ein charmanter und ganz natürlicher Teil der reichen Kultur in unserem Land. Sie sind ein essenzieller Bestandteil der regionalen Kultur und Identität, über den sich viele Bürger und Bürgerinnen einer Region identifizieren. Sie erzeugen ein ganz besonderes Wir-Gefühl. Oftmals können Menschen in ihrem lokalen Dialekt ihre Gedanken und Gefühle viel eindeutiger formulieren, weil er für sie authentischer und unmittelbarer klingt.

Das Wörterbuch „Hunsrück heißt Honsreck" ist, auch in seiner dritten, überarbeiteten Auflage, ein reiches Nachschlagewerk für alle Hunsrücker und Sprachbegeisterte, die mehr über die Eigenheiten des Wortschatzes und der Grammatik des Honsregger Platt erfahren möchten. Es lädt dazu ein, durchaus mit einem Augenzwinkern, selbst den eigenen Dialekt zu reflektieren oder durch Beobachtung noch nicht kodifizierte Sprachphänomene zu sammeln.

Ich wünsche allen Lesern und Leserinnen des Wörterbuches viel Freude beim Lesen und Erkunden des Honsregger Platt.

Malu Dreyer

Malu Dreyer

Ministerpräsidentin von Rheinland-Pfalz

Wörterbuch

Mosel, Saar, Nahe, Rhein
schließen rings den Hunsrück ein.
(Alter Merkspruch)

Nochmol dange – Vorwort zur dritten Auflage

Statt „Nochmol dange“ kennt ma ooch saan: Vierwurd zur drett Offlaach. Auer dat dät sich zimmlich hutrabend aanhiere. Nä, eigentlich dät ma dat net saan. Su schwätzt käner off Platt. Alsu einfach nur nochmal dange oder meinetwegen ooch nochemol dange, je nodämm wu se wohne. On jetzt don ich mol su richdisch hutrabend schreiwe. Su hutrabend, dat et nur off Hudeitsch giet, off Platt dät et sich blöd aanhiere, do kennt ich gleych en Giest de henner mich aandoon:

Nun ist es schon die dritte Auflage dieses Hunsrücker Wörterbuchs, rund zwölf Jahre sind seit der ersten vergangen. Auch in dieser neuen Auflage habe ich das Wörterbuch an vielen Stellen überarbeitet, verbessert, präzisiert und ergänzt, so wurden beispielsweise die Hinweise zur Verwendung des „sch/ch“ und des sächlichen Artikels sowie zur Bildung der Vergangenheitszeitform überarbeitet. Darüber hinaus sind rund einhundertfünfzig Wörter hinzugekommen.

Vielen Dank für die Rückmeldungen zur zweiten Auflage, sie waren bei der Überarbeitung sehr hilfreich.

Und nun wieder: Viel Spaß beim Lesen ... on beym Schwätze!

Hunsrück, im Dezember 2023, Bernd Bersch

Danke

Über die Resonanz auf die erste Auflage dieses Hunsrücker Wörterbuchs habe ich mich sehr gefreut. Vielen Dank für die Rückmeldungen und Anregungen aus Hermeskeil über Idar-Oberstein, Kastellaun und Koblenz bis nach Bonn.

Für die überarbeitete Auflage habe ich einige dieser Anregungen aufgenommen: Es sind mehr als dreihundert „Vokabeln" hinzugekommen, außerdem wird noch etwas mehr auf regionale Unterschiede eingegangen, eine Liste mit Spitznamen für die Bewohner einiger Dörfer ist ebenso neu wie eine kurze Abhandlung über die Auswanderungswellen aus dem Hunsrück und dem damit verbundenen Export des Honsregger Platt. Die Unterschiede in Wortwahl und Ausdrucksweise des Honsregger Platt im Vergleich zum Hochdeutschen werden schließlich mit Hilfe eines Kochrezepts und einer Kurzgeschichte veranschaulicht.

Wie viele Menschen sich für Dialekte und insbesondere das Honsregger Platt interessieren und sich in ihrer Freizeit dafür einsetzen, ist mir erst nach der Veröffentlichung des Wörterbuchs so richtig bewusst geworden: Mundartdichter, Kurzgeschichtenschreiber, Sprachwissenschaftler, Heimatforscher, Redakteure, Frauen ebenso wie Männer, Menschen in Mundarttheatergruppen, Heimatvereinen und Mundartinitiativen und Menschen, die Internetseiten zum Hunsrücker Platt betreiben oder Mundartvorträge halten.

Sich aktiv für das Honsregger Platt einzusetzen, bedeutet aber auch, und zuallererst, es zu sprechen und weiterzugeben. Und das tun, so ist es zumindest mein Empfinden, zunehmend wieder mehr Menschen.

Also: Viel Spaß beim Lesen - und sprechen Sie Honsregger Platt! *Hunsrück, im November 2017, Bernd Bersch*

Dange

Iwwer die Resonanz off die ierscht Offlaach von dämmhey Honsregger Wierderboch hon ich mich gefreut. Dange fier die Reckmeldunge on Anregunge von Hermeskeil iwwer Idar-Oberstein, Kastellaun on Kowelenz bis no Bonn.

Fier die ney Offlaach hon ich en paar von denne Anregunge berecksichdigt: Et sen mie wie dreihonnert „Vokabele" dozo komm, außerdämm wierd noch bissche mie off die regionale Onnerschidd engang, en List met Spetzname fier die Enwohner von manche Därfer es genausu ney wie en korze Abschntt iwwer die Auswannerer aus dämm Honsreck on dodriwwer, dat se dat Honsregger Platt metgeholt hon. Die Onnerschidd beym Schwätze vom Honsregger Platt em Vergleych zom Hudeitsche kamma dann noch an änem Kochrezept on änem Steggelchc schn.

Dat sich su vill Leit fier Platt on besonnasch fier dat Honsregger Platt inderessiere doon on dofier och vill Zeyt offwenne, es mir ierscht no der Vereffentlichung von dämm Wierderboch su richdisch klor wur: Plattdichter, Steggelchaschreiwer, Sprochwissenschaftler, Heimatforscher, Zeidungsmensche, Frae genausu wie Männer, Leit, die off Platt Theater spille, Leit von Heimatvereine on Plattschwätzvereine on Mensche, die Platt-Indernetseyde mache oder Platt viertran doon.

Sich fier dat Honsregger Platt ensesetze heißt auer ooch on vier alle Dinge et se schwätze. On dat doon, mäne ich zemenest mol, werrer mie Leit.

Alsu: Vill Spass beym Läse on schwätze Se Honsregger Platt!

Honsreck, em November 2017, Bernd Bersch

Ein Hunsrücker Wörterbuch ... was soll das überhaupt?

Dieses Wörterbuch richtet sich an alle ...

... am Hunsrücker Dialekt interessierte Menschen, ganz gleich ob sie es selbst sprechen, aus ihrem Umfeld kennen oder einfach nur neugierig auf einen ihnen unbekannten Dialekt sind.

Falls Sie ...

... zu den Erstgenannten gehören, haben Sie vielleicht folgende Erfahrung gemacht: Mit Menschen, die nicht im Hunsrück aufgewachsen sind, sprechen Sie ganz natürlich und sozusagen automatisch hochdeutsch.

Haben Sie schon einmal versucht, mit diesen Menschen Honsregger Platt zu sprechen? Es wird Ihnen nur mit Mühe gelungen sein, zu unnatürlich erscheint es. Nur wenn Sie jemanden schon lange kennen, werden sich vielleicht – und immer aus Versehen – einige Honsregger Ausdrücke einschleichen. Umgekehrt, haben Sie schon einmal versucht, mit einem ebenfalls Honsregger Platt sprechenden Menschen hochdeutsch zu reden? Natürlich nicht, weshalb auch. Das ist genauso unnatürlich und hört sich genauso gekünstelt an wie umgekehrt.

Falls Sie zu der zweiten Gruppe gehören, haben Sie sich beim ersten Mal, als Sie Hunsrücker Dialekt vernahmen, vielleicht zufällig beim Einkaufen ein Gespräch mit anhörten, gefragt: Was reden die denn da? Und Sie verstanden kaum etwas. Nach einiger Zeit des Hörens dieses Dialekts verstanden Sie aber alles. Nur reden, das ging nicht und geht heute noch nicht.

En Honsregger Wierderboch ... wat soll dat iwwerhaupt?

Dathey Wierderboch es fier all, ...

... die sich fier Honsregger Platt inderessiere, dobey es et ganz egal, ob se et sälwer schwätze, von irer Leit känne orrer ainfach nur vierwetzisch off en Sproch sen, die se bis jetzt net känne.

Wenn Se ...

... zo denne Ierschde gehiere, hon se vielleycht schonn mol dathey gemerkt: Met Leit, die net aus dämm Honsreck komme, schwätze se ganz nadierlich, ma kennt fast saan audumadisch hudeitsch.

Hon Se schonn mol versocht met denne Leit Honsregger Platt se schwätze? Se weren et nur met Mieh on Nut ferdisch braacht hon, weyl et ganz ainfach onnadierlich es. Nur wenn Se äne schonn zimmlich lang känne, were Inne vielleycht emol – on emmer aus Versehn – en paar Honsregger Wierder rausgerutscht sen. Emgekiert, hon se schonn mol versocht met änem, dä aus dämm Honsreck kemmt, hudeitsch se schwätze? Nadierlich net, wiesu och. Dat es genausu onnadierlich on hiert sich genausu onecht aan wie emgekiert.

Wenn Se zo denne zwode gehiere, hon se sich och beym ierschde Mol, wie Se Honsregger Platt gehiert hon, vielleycht zofällisch beym kafe wat metkreet hon, och gefrot: Wat schwätze die dann do? On Se hon fast nix verstan. Su no on no, je länger Se dat Honsregger Platt gehiert hon, hon se dann auer alles verstan. Nur schwätze, dat es emmer noch net gang on giet haut noch net.

Und wenn Sie es vielleicht einmal probiert haben, so hat Ihnen der oder die Angesprochene auf Hochdeutsch geantwortet, weil Hunsrücker Dialekt nicht angebracht war, vielleicht auch, weil es aus Ihrem Mund gekünstelt klang.

Und falls Sie zur dritten Gruppe gehören: Auf in den Hunsrück!

Bisher gibt es zum Hunsrücker Dialekt ...

... nur wenig in gedruckter Buchform. Noch weniger gibt es, das sich mit Übersetzungsregeln und allgemeinen Unterschieden des Hunsrücker Dialekts zum Hochdeutschen auseinandersetzt.

Das alleine aber kann kein Grund sein, ...

... ein solches Wörterbuch zu erstellen. Der zweite und maßgebendere Grund ist: Es soll einen Beitrag dazu leisten, den Hunsrücker Dialekt, so wie er nur wenig verändert seit weit mehr als einhundert Jahren gesprochen wird, zu erhalten und Denkanstöße zu dessen Erhaltung zu geben.

Jede Sprache ist im Laufe der Zeit Veränderungen unterworfen, das liegt in der Natur der Sprachen, und es kann durchaus darüber gestritten werden, ob es Sinn macht, den Stand einer Sprache zu einem gewissen Zeitpunkt zu dokumentieren, damit festzuhalten und einzufrieren. Es widerspricht der Natur der Sprache, Sprache ist in ständigem Fluss, in ständiger Entwicklung und Veränderung.

Die heutige Situation des Honsregger Platt ist jedoch eine besondere. Die Einflüsse von außen sind viel größer als noch vor fünfzig Jahren. Die Gründe hierfür sind vielschichtig:

Sowohl Ausbildung als auch Berufstätigkeit beschränkten sich früher meist auf die nähere Region, ebenso Be-

On wenn Se et emol probiert hon, dann hot Inne dä met dämm se schwätze wollde off Hudeitsch geandword, weyl Honsregger Platt net aangebraacht wor orrer vielleycht jo och weyl et sich bey Inne su onnadierlich aangehiert hot.

On wenn Se zo denne Letzte gehiere: Off en dä Honsreck!

Bis jetzt gift et zum Honsregger Platt ...

... nur winnisch als gedruckt Boch. On et gift noch winnischer, dat sich met allgemeine Iwwersetzungsregele on Onnerschidd vom Honsregger Platt em Vergleych zum Hudeitsche ausenannersetzt.

Dat allän wär auer käne Grond ...

... su en Wierderboch se schreiwe. Dä zwode on wichdischere Grond, weshalb et dat Wierderboch hey gift, es dä: Et soll dobey hellefe dat Honsregger Platt, su wie et nur winnisch verännert seyt weyt mie wie honnert Johr geschwätzt wierd, se bewahre, on och hellefe, dat die Leit mol merge, wie wichdisch fier us dat Honsregger Platt es.

Jed Sproch verännert sich met der Zeyt, dat leit en der Nadur der Sproche, on et kann och dodriwwer gestritt were, ob et Sinn micht, en Sproch, su wie se jetzt grad geschwätzt wierd, offseschreiwe, alsu susesaan festsehalle on ensefriere. Et es gen die Nadur der Sproch, en Sproch es emmer em Fluss, entweggelt on verännert sich laufend.

Die Siduation vom Honsregger Platt auer, su wie se jetzt es, es en ganz besonner. Die Enfless von auße sen vill grießer wie noch vier fuffzisch Johr. Dat hot vill Grenn:

Die Schul on och dat Schaffe hot sich freer meisdens alles en der näer Umgebung abgespillt, genausu die Bekanntschafde on Freindschafde. Weyrer weg en Urlaub fahre

kanntschaften und Freundschaften. Urlaubsreisen in relativ entfernte Regionen waren für die meisten Menschen schon aus finanziellen Gründen gar nicht machbar. Heute ist es dagegen beinahe die Regel, den Hunsrück wegen Ausbildung, Studium oder Beruf oder auch privaten Gründen zumindest für einige Zeit zu verlassen. Andererseits entdecken viele Menschen den Hunsrück für sich und ziehen zu, verändern so wiederum die Honsregger Sprache. Entscheidender noch ist die hochdeutsche Medienflut, von Zeitungen und Zeitschriften bis hin zu Internet und vor allen Dingen Radio und Fernsehen, die es ebenso früher in dieser Form nicht gab. Während sich früher in der Regel die sprachliche Kommunikation eines Honsregger Platt sprechenden Menschen fast ausschließlich in diesem Dialekt abspielte, ist es heute meist weniger als die Hälfte.

Auch Lebensgemeinschaften zwischen Honsregger und Nicht-Honsregger gibt es durch die heutige Mobilität sehr viel häufiger als früher und man spricht in diesen Lebensgemeinschaften ganz natürlich hochdeutsch miteinander, denn schließlich sprechen Hunsrücker meist auch fehlerfreies Hochdeutsch.

Zudem sprechen heute viele des Honsregger Platt mächtige Eltern mit ihren Kindern hochdeutsch, weil sie glauben, ihr Kind könnte Honsregger Platt sprechend gerade in den ersten Jahren der Schule Probleme haben. Nur vereinzelt versuchen Eltern, diesen Prozess umzukehren und mit ihren Kindern bewusst nur Honsregger Platt zu sprechen.

Dies alles führt dazu, dass das Honsregger Platt zurückgedrängt und gleichzeitig durch die sehr starken Einflüsse von außen in sehr viel kürzerer Zeit als früher Veränderungen unterworfen ist und sich dem Hochdeutschen annähert.

konde die meiste Leit schonn allän deshalb net, weyl se sich et net leisde konde. Hautsedaach es et dogen schonn beinah onnormal dä Honsreck net wäe Lihr, Schul orrer Schaffe orrer och aus privade Grenn zemendest fier en gewisse Zeyt se verlosse. Off der anner Seyd endtdegge auer och vill Leit dä Honsreck fier sich on zehe zo on verännere su werrer die Honsregger Sproch. Wichdischer auer es noch dat ganze Zeich, wat et hautsedaach gift on wat et su freer net gän hot: aangefang von Zeidunge bis hin zo Indernet on vier alle Dinge Radio on Fernsehn, on dat alles off hudeitsch on net off Honsregger Platt. Freer hot sich fast dat ganze Läwe em Honsregger Platt abgespillt, haut es et vielleycht grad noch die Häleft.

Weyl die Leit haut su bewächlich sen, gift es hautsedaach och vill mie Honsregger on Net-Honsregger, die sesamme läwe, on die Leit schwätze dann nadicrlich sesamme hudeitsch, weyl jo schließlich Honsregger meisdens och hudeitsch schwätze, allän schonn weyl se et en der Schul liere.

Außerdämm schwätze vill Ellere met irer Kenner hudeitsch, weyl se gläwe, dat ihr Kend, wenn et Honsregger Platt schwätzt, zemendest en der ierschde Johr en der Schul Probleme hon kennt. Nur ganz verainzelt versoche Ellere dä Prozess emsekiere on met irer Kenner extra nur Honsregger Platt se schwätze.

Dat alles hot dozo gefiert, dat dat Honsregger Platt zreggedrängt wure es on sich gleychzeidisch durch dä vill stärgere Enfluss von auße en vill kierzerer Zeyt wie freer verännert on sich dämm Hudeitsche aannähert.

Ich selbst merke das, wenn ich Honsregger Platt rede: früher sagte ich „gleych", heute sage ich „gleich", statt „Zeyt" sage ich heute „Zeit". Auch werden für manche Begriffe heute im Honsregger Platt gelegentlich hochdeutsche Wörter übernommen oder aus dem Hochdeutschen abgeleitete Wörter verwendet, obwohl es spezielle Honsregger Ausdrücke dafür gibt.

Das Honsregger Platt ist also in existentieller Gefahr. Das Gleiche gilt für die meisten deutschen Dialekte.

Honsregger Platt - wie schreibt man das?

Ich bin kein Sprachforscher und berichte hier nicht näher über die Zuordnung des Hunsrücker Dialekts zu irgendeiner Dialektgruppe, wie zum Beispiel Mittelfränkisch oder Moselfränkisch. Aber etwas habe ich doch festgestellt, es gibt so etwas wie eine Dialektlinie: Der Hunsrücker Dialekt gleicht dem Saarländischen, dieses dem Pfälzischen, das wiederum dem Badischen und das dem Schwäbischen. Aber wer würde behaupten, der Hunsrücker Dialekt habe irgendeine Ähnlichkeit mit dem Schwäbischen?

Es gibt noch viele weitere solcher Dialektlinien in Deutschland und die erwähnte ließe sich an beiden Enden fortführen und mittendrin verästeln.

Viele Wörter, die hier im Hunsrücker Dialekt niedergeschrieben sind, kann man sicher auch anders schreiben und in diversen Variationen aussprechen. Sofern Sie des Hunsrücker Dialekts mächtig sind, werden Sie sich beim Lesen der Wortliste vielleicht manches Mal sagen: Das ist falsch, das schreibt man so nicht, weil man es nicht so spricht. Aber, wie Sie als mit dem Honsregger Platt Vertrauter dann auch wissen: Das Honsregger Platt ist von Landstrich zu Landstrich, ja teilweise von Dorf zu Dorf des Hunsrücks leicht

Ich sälwer merge dat, freer hon ich „gleych“ gesaat, hautsedaach saan ich „gleich“, genau su wie im Hudeitsche, on statt „Zeyt“ saan ich „Zeit“. Ooch were fier manche Sache em Honsregger Platt hautsedaach manichmol hudeitsche Wierder iwwernomm oder Wierder geschwätzt, die aus dämm Hudeitsche abgeleidt wure sen, obwohl et extra Honsregger Wierder dofier gift.

Dat Honsregger Platt es alsu en seiner Existenz bedroht. Dat Gleyche gilt fier die meiste deitsche Dialekte.

Honsregger Platt - wie schreift ma dat?

Ich sen käne Sprochegelierde on saan och net vill dodriwwer, ob dat Honsregger Platt zo irgendäner Sprochegrupp gehiert, wie beispillsweis Meddelfrängisch orrer Musselfrängisch. Auer ebbes hon ich doch gemerkt, et gift su wat wie en Plattlinnisch: Dat Honsregger Platt gleycht dämm Saarlännische, dat dämm Pälzische, dat dann werrer dämm Badische on dat dämm Schwäbische. Auer wer dät behaupte, dat Honsregger Platt hät irgendän Ähnlichkeit met dämm Schwäbische?

Et gift noch vill mie von su Plattlinnische en Deitschland on die genannde dät sich och bestemmt an beide Änn verlängere on meddedren verästele losse.

Vill Wierder, die hey em Honsregger Platt hingeschriwwe sen, kann ma bestemmt och anichda schreiwe on anichda ausschwätze. Wenn Se sälwer Honsregger Platt schwätze, were Se sich beym Läse der Wurdlist on von dähey Enleidung vielleycht och manchmo saan: Dat lo es falsch, dat schreift ma net su, weyl ma et net su schwätzt. Auer wie se dann als Honsregger och wesse: Dat Honsregger Platt es net off dämm ganze Honsreck datselwe, jo manchmol von Dorf se Dorf schonn onnerschiddlich. Su es dat schließlich

unterschiedlich. Das ist das Wesen eines Dialekts und die Crux beim Schreiben eines Dialektwörterbuchs. Trotzdem, quer über den Hunsrück, von den an der Mosel gelegenen Vororten Triers bis zu den am Rhein gelegenen Vororten von Koblenz, spricht die einheimische Bevölkerung sehr ähnlich, und diesen Bereich deckt dieses Wörterbuch ab.

Ich selbst bin in den Regionen Kastellaun-Beltheim und Emmelshausen-Boppard aufgewachsen. Menschen aus der Region Soonwald beispielsweise werden einige Wörter leicht abgewandelt verwenden. Manche Ausdrücke werden auch nur regional sehr eng begrenzt verwendet und sind deshalb hier nicht aufgeführt. Sie alle sind aufgefordert, regionale Unterschiede des Honsregger Platt niederzuschreiben!

Und schreibt man es überhaupt?

Der Hunsrücker Dialekt ist keine Schriftsprache, so fällt es sicher nicht nur mir schwer, diese zu schreiben und zu lesen. Andererseits ist es nötig, wenn man diesen Dialekt ohne mündliche Überlieferung darstellen will.

Einen Tonträger mit Vokabeln zu erstellen, mag für eine mündliche Sprache zunächst angebrachter erscheinen. Andererseits zwingt das Pressen des Hunsrücker Dialekts in die Schriftform dazu, sich mit der genauen Aussprache und den grammatikalischen Regeln desselben, vor allem aber den allgemeinen Übersetzungsregeln vom Hochdeutschen ins Honsregger Platt intensiver zu beschäftigen.

Jetzt aber Schluss ...

... mit der Einleitung, sonst wird sie noch länger als das eigentliche Wörterbuch. Denn dieses umfasst lediglich eine Art Grundwortschatz. Fehlende Wörter können größtenteils anbey all Dialekte on et es die Crux beym Schreiwe von änem Plattwierderboch. Trotzdämm, quer iwwer dä Honsreck, von der Mussel bey Trier bis zum Reyn korz vier Kowelenz, schwätze die Leit ganz ähnlich, on dä Beraich wird met dämmhey Wierderboch abgedeckt.

Ich sälwer sen en denne Geende Kastellaun-Beldem on Emmelshause-Bubbard offgewas. Leit beispillsweis aus der Geend em dä Soonwald däre bestemmt manche Wierder anichda schwätze on schreiwe. Manche Wierder were ooch nur en änem Dorf geschwätzt on sen deshalb hey net offgeschriwwe. Dir Leit seyd all offgeforrert, die Onnerschidd beym Honsregger Platt von Aurer Geend offseschreiwe!

On schreift ma et iwwerhaupt?

Dat Honsregger Platt es eigentlich kän Sproch, die ma schreiwe det, ma schwätzt se halt. On deshalb hon sicher net nur ich Schwierigkeide, Honsregger Platt se schreiwe on se läse. Off der anner Seyd es dat auer nierisch, wenn ma dat Honsregger Platt ohne Schwätze dostelle well.

En Kassett met Wierder se mache, maach fier en Sproch, die ma eigentlich nur beym Schwätze benotze det, vielleycht ierscht mol besser scheine. Off der anner Seyd zwingt äne dat Presse vom Honsregger Platt en die Schrift och dozo, sich met der genau Aussproch vom Honsregger Platt on och seiner Grammadik se befasse, vier allem auer och sich met allgemeine Iwwersetzungsregele vom Hudeitsche en et Honsregger Platt genauer se befasse.

Jetzt auer Schluss ...

... met der Enleidung, se wierd sos noch länger wie dat eigentliche Wierderboch. Dat emfasst nämlich nur su en Art Grondwurdschatz. Die Wierder, die fähle, kenne meisdens

hand einiger Regeln, die Sie hier auch finden, leicht aus dem Hochdeutschen hergeleitet werden.

Es wäre gelogen, zu behaupten, dieses Wörterbuch sei vollständig und perfekt, und aufgrund der regionalen Unterschiede kann es auch niemals perfekt sein. Wenn Sie Anmerkungen zu dem Wörterbuch haben, vielleicht Korrekturen anmerken möchten oder vor allem weitere spezielle Honsregger Ausdrücke kennen, schreiben Sie mir: honsregger@t-online.de.

Ich danke allen, die mich bei der Erstellung dieses Wörterbuchs unterstützt haben, besonders meinen Eltern Mathilde und Herbert. Allen Honsregger Platt sprechenden Menschen danke ich für das Weiterleben unserer wunderschönen Sprache.

Lange habe ich überlegt, ob ich die Einleitung auch auf Honsregger Platt schreiben soll, weil es ja nun mal keine Schriftsprache ist – und weil das Schreiben desselben nicht einfach ist. Andererseits möchte ich zumindest auch einen zusammenhängenden Text auf Honsregger Platt hier abgedruckt sehen. Deshalb können Sie die Einleitung nun also auch parallel auf Honsregger Platt lesen.

met en paar Regele, die och hey offgeschriwwe sen, aus dämm Hudeitsche hergeleit were.

Et wär gelo se behaupte, dat Wierderboch hey sey komplett, dat giet ooch gar net, weyl et Honsregger Platt jo iwwerall off dämm Honsreck bissche onnerschiddlich es. Wenn Se denge, dat wat Wichdisches fählt orrer Se noch Vierschläch hon, vielleycht och wat verbessere wolle, on vier alle Dinge spezielle Honsregger Wierder känne, schreiwe Se mir: honsregger@t-online.de.

Ich bedange mich bey all, die mir beym Schreiwe von heydämm Wierderboch geholef hon, besonnasch bey meiner Ellere Mathilde on Herbert. Bey all Leit, die Honsregger Platt schwätze, bedange ich mich dofier, dat se dat doon.

Lang hon ich iwwerlaacht, ob ich die Enleidung off Honsregger Platt schreiwe sollt, weyl et jo nau mol kän Schriftsproch es – on weyl dat Schreiwe vom Honsregger Platt ooch net ainfach es. Annererseits well ich zomendest ooch äne sesammehängende Text off Honsregger Platt hey abgedruckt sehn. Alsu deshalb hey die Enleidung off Honsregger Platt.

1 Allgemeines

1.1 Zum Hochdeutschen und Honsregger Platt

Die „Enleidung" ist keine hundertprozentig wortwörtliche Übersetzung der „Einleitung". Wie die wortwörtliche Übersetzung von Fremdsprachen, so macht auch die wortwörtliche Übersetzung des Honsregger Platt ins Hochdeutsche nicht immer Sinn.

Für das Hochdeutsche gilt: Man spricht anders, als man schreibt. So zu schreiben, wie man spricht, käme oftmals schlechtem Deutsch gleich.

Das Honsregger Platt ist keine Schriftsprache. Das geschriebene Hochdeutsche wortwörtlich zu übersetzen, käme deshalb einem schlechten Honsregger Platt gleich.

Zudem unterscheidet sich die Wortwahl im Honsregger Platt geringfügig von der des Hochdeutschen, weshalb auch von daher eine hundertprozentige wortwörtliche Übersetzung nicht angebracht ist. Ein Beispiel aus der Einleitung: „niederzuschreiben" kann man durchaus mit „nerrerseschreiwe" übersetzen. Aber das hört sich für einen Honsregger gekünstelt an, er wird „offseschreiwe" sagen. Spätestens anhand solcher Feinheiten fliegt die in der Einleitung erwähnte zweite Gruppe beim Versuch, Honsregger Platt zu reden, meist auf. Auch wird der Genitiv im Honsregger Platt nicht verwendet, mehr dazu im Grammatikteil.

Die Schreibweise aller hier gelisteten Wörter im Honsregger Platt orientiert sich an der deutschen Schreibweise. Sie sind so geschrieben, wie man sie sprechen und schreiben würde, handelte es sich um hochdeutsche Wörter.

So wird z.B. aus dem hochdeutschen Wort „Vase" im Honsregger Platt „Waas" mit langgezogenem a.

Trotzdem lässt sich im Einzelfall über die Schreibweise streiten, statt mit einfachem, geschlossen gesprochenem „o“ könnte man manche Wörter sicher auch mit doppeltem „o“ schreiben und umgekehrt.

Lautschrift wurde nicht verwendet, stattdessen werden einige Hinweise zum Aussprechen der Wörter gegeben, insbesondere zum geschlossenen und offenen „o“. Zum Aussprechen des „e“ werden Hinweise gegeben, falls sich dessen Aussprache im Honsregger Platt von derjenigen im entsprechenden hochdeutschen Wort unterscheidet.

Sofern es sinnvoll schien, sind im Wortteil auch Konjugationen und Deklinationen aufgeführt.

Regionale Unterschiede und Verwaschungen

Wie in der Einleitung erwähnt, liegt diesem Wörterbuch das in den Regionen Kastellaun-Beltheim und Emmelshausen-Boppard gesprochene Honsregger Platt zugrunde. Gibt es zwischen diesen beiden Regionen Unterschiede in der Aussprache zweier Wörter oder werden für denselben hochdeutschen Begriff in den beiden Regionen unterschiedliche Wörter verwendet, so sind die regionenspezifischen Ausdrücke mit den Zusätzen „K“ für Kastellaun bzw. „E“ für Emmelshausen gekennzeichnet.

So wird das „ey“ der Region Kastellaun in der Region Emmelshausen bei manchen Wörtern eher wie „ai“ oder „ei“ gesprochen, das „ä“ wie „a“ und umgekehrt.

Beispiele: weiter = weyrer (K), wairer (E), Eimer = Ämer (K), Amer (E).

Im Gebiet um Simmern bis über Morbach hinaus und auch in manch anderen angrenzenden Regionen des Hunsrücks sagt man z.B. statt „ich“ eher „eisch“ (oder auch „eich“ oder „aisch“ oder „äisch“ oder „eysch“), statt „mich“

sagt man „meisch“, und statt „dich“ sagt man „deisch“.

Im Raum Simmern heißt es „gehn“ statt „gien“, „Kerb“ statt „Kärmes“, „Honsrick“ statt „Honsreck“, statt „dat“ „das“ oder „es“, statt „et“ „es“, statt „hon“ „han“ und statt „siwwe“ (für hochdeutsch „sieben“) sagt man „siewe“. Beispiele: „Um sieben habe ich dich und Maria gesehen.“ heißt dort nicht „Em siwwe hon ich dich on dat Maria gesehn.“, sondern „Em siewe han eisch deisch on das/es Maria gesehn.“ und „Ich bin ein Hunsrücker.“ heißt dort nicht „Ich sen en Honsregger.“, sondern „Eisch sinn en Honsrigger.“

Für einige regionale Unterscheidungen des Hunsrücker Dialekts werden häufig die Dialektgruppen Moselfränkisch und Rheinfränkisch herangezogen. Wie bereits erwähnt, möchte ich auf die Zuordnung zu Dialektgruppen hier nicht näher eingehen, auch, weil sich die Regionen oft nicht eindeutig zuordnen lassen und die Übergänge fließend sind. Ein Beispiel: Die hochdeutschen Wörter „ich“ und „das“ werden im Raum Emmelshausen-Kastellaun zu „ich“ und „dat“, aber im Raum Simmern heißt es eher „eisch“ und „das“. Ließen sich die Regionen eindeutig zuordnen, so hieße es entweder „eisch“ und „dat“ (moselfränkisch) oder „ich“ und „das“ (rheinfränkisch).

Nicht nur von einer Region zur anderen kann die Aussprache leicht unterschiedlich sein oder fließend ineinander übergehen. Unabhängig von regionalen Unterschieden ist die Aussprache oft nicht eindeutig beziehungsweise verwaschen. Dies gilt z.B. häufig für die Endungen „ersch“ und „asch“. So kann man sich vortrefflich darüber streiten, ob das hochdeutsche Wort „besonders“ im Honsregger Platt nun „besonnasch“ oder „besonnersch“ heißt, ob das Dorf Sabershausen nun Sawasch oder Sawersch ist und ob „Sabershausen ist besonders schön“ nun „Sawasch es besonnasch schien“ oder „Sawersch es besonnersch schien“ heißt. Und selbst im gleichen Ort spricht man mitunter Wörter unterschiedlich aus: das Hochdeutsche „auch“ wird zu „och“ oder „ooch“, beide mit offenem o, aber das eine kurz, das andere langgezogen; in diesem Buch habe ich beide Schreib- bzw. Sprachweisen verwendet.

Apropos ... je länger ich darüber nachdenke, heißt „Hochdeutsch“ auf Honsregger Platt nun „Hudeitsch“ oder „Hudeytsch“? Auch darüber lässt sich vorzüglich streiten. Je nach Region spricht man es auf die eine oder die andere Weise. Ich würde ja sagen, im Zweifelsfall gilt: Schwätze Se et su, wie Se denge. Aber so einfach ist es dann doch nicht immer.

Einen sehr guten Eindruck der regionalen, teils feinen Unterschiede innerhalb des Honsregger Platt gibt die Internetseite www.o-ton-hunsrueck.de, auf der Hunsrücker in der Sprache ihres jeweiligen Ortes sprechen und vom Leben auf dem Hunsrück berichten. Es ist übrigens eine Mitmach-Seite. Falls Sie die Sprache ihres Ortes vertreten möchten, finden Sie dort die entsprechenden Kontaktdaten.

Gelegentlich wird anstatt vom Honsregger Platt oder Hunsrücker Dialekt auch vom Honsreggische, Honsreggerische, Hunsrückischen oder Hunsrückerischen gesprochen. Das alles bezeichnet ein und dasselbe.

Im Folgenden wird Honsregger Platt bzw. Hunsrücker Dialekt mit HP und Hochdeutsch mit DE abgekürzt.

1.2 Allgemeine Übersetzungsregeln

Wörter, die im DE auf „...en“ enden, enden im HP auf „...e“ (gilt auch für Plural).

Beispiele: Mädche = Mädchen, Regge = Rücken, behaupte = behaupten, vier alle Dinge = vor allen Dingen. Das „...e“ wird dabei am Wortende offen gesprochen.

Bei Wörtern, die im DE auf offenes „...e“ enden, wird im HP das „...e“ weggelassen (gilt auch für Plural), diese Regel gilt jedoch nicht für Verben.

Beispiele: Schallplatt = Schallplatte, die Ding = die Dinge, beinah = beinahe, **aber:** ich lafe = ich laufe.

Ein „...o“ am Wortende wird im HP meist offen ausgesprochen.
Beispiele: lo = da, dort; do = da, jo = ja.
Ausnahme: do (mit geschlossenem o) = tu

Ein „o“ in der Wortmitte wird dagegen, häufig im Gegensatz zum DE, geschlossen gesprochen.

Beispiele: Rolllade = Rollladen, rolle = rollen, Koffer = Koffer.

Das DE „...tung“ wird im HP zu „...dung“.

Beispiel: Zeidung = Zeitung.

Das DE „ck“ wird im HP in der Wortmitte meist zu „gg“, am Wortende bleibt es jedoch auch im HP beim „ck“.

Beispiele: Zugger = Zucker, Meck = Mücke.

Das DE „ück“ wird im HP in der Regel zu „egg“ in der Wortmitte bzw. „eck“ am Wortende.

Beispiele: dregge = drücken, plegge = pflücken, Honsregger = Hunsrücker, Steck = Stück, zreck = zurück, Gleck = Glück, Breck = Brücke, Honsreck = Hunsrück.

In der Gegend um Simmern wird statt des „eck“ häufig „ick“ verwendet.

Ähnlich verhält es sich mit dem DE „ick“, hier gibt es in der Wortmitte regionale Unterschiede. So wird in der Region Kastellaun daraus „egg“, in der Region Emmelshause dagegen „igg“.

Beispiele: weggele (K) bzw. wiggele (E) = wickeln, negge (K) bzw. nigge (E) = nicken.

Am Wortende wird aus dem DE „...ick“ im HP „...eck“.

Beispiele: Bleck = Blick, Streck = Strick.

Ausnahmen: Schicksal = Schicksal, Trick = Trick.

Für eingedeutschte Wörter gibt es keine eindeutigen Regeln, so bleibt das „ick“ des DE „kicken“ bei der Übersetzung ins HP erhalten: „kicke“.

Das DE „...ten“ wird im HP meist als „...de“ gesprochen.

Beispiele: halde = halten, lachde = lachten, Freindschafde = Freundschaften, warde = warten, sollde = sollten

Das DE „in“ wird im HP zu „en“.

Beispiele: Wender = Winter, Kenner = Kinder.

Das DE „im“ wird im HP zu „em“.

Beispiele: emmer = immer, em = im, schwemme = schwimmen.

Die DE Vorsilbe „um...“ wird im HP zu „em...“.

Beispiele: emfangreich = umfangreich, emgekiert = umgekehrt.

Das DE „äu“ wird zu „ei“.

Beispiele: dau leifst = du läufst, Seil = Säule. Von dieser Regel gibt es **Ausnahmen**, diese sind im Abschnitt *Wortteil* gelistet.

Beispiel: dräme oder drame = träumen.

Das DE „ei“ wird im HP häufig zu „ey“ oder „ai“, die Übergänge sind dabei auch regional oft fließend.

Beispiel: Weyn = Wein.

Das DE „...tig“ wird im HP zu „...disch“.

Beispiel: honertprozendisch = hundertprozentig.

Das DE „un“ wird im HP zu „on“.

Beispiel: onordentlich = unordentlich.

Die Endung „...tet“ im DE wird im HP zu „...t“.

Beispiel: geleit = geleitet.

Die Vorsilbe „an...“ im DE wird im HP zu „aan...“.

Beispiele: aangefang = angefangen, Dat hiert sich genausu aan. = Das hört sich genauso an.

Achtung: Das Wort „an“ ist im DE und HP gleich.

Beispiel: Dat Audu stiet an der Stroß = Das Auto steht an der Straße.

Die Vorsilbe „ge...“ im DE bleibt im HP oft, jedoch wird das „e“ stumm gesprochen.

Beispiel: gehiere = gehören.

Die Vorsilbe „auf...“ im DE wird im im HP zu „off...“ (geschlossenes o).

Beispiel: offschreiwe = aufschreiben.

Die Vorsilbe „un...“ im DE wird im HP zu „on...“ (geschlossenes o).

Beispiele: onnadierlich = unnatürlich, onecht = unecht, onnormal = unnormal.

Die Endung „...ag“ im DE wird im HP zu „...ach“.

Beispiele: Daach = Tag, Beitraach = Beitrag.

Die Endung „...ken“ im DE wird im HP zu „...ge“.

Beispiele: denge = denken, bedange = bedanken;

Achtung: die (deklinierte) Endung „...kt“ des DE bleibt so im HP.

Beispiele: ich denge = ich denke, **aber:** ä denkt = er denkt.

Die Endung „...aube“ im DE wird im HP zu „...auf“.

Beispiele: Trauf = Traube, Schrauf = Schraube.

Die Endung „...ben“ im DE wird im HP zu „...we“.

Beispiele: Trauwe = Trauben, Schrauwe = Schrauben, hewe = heben.

Die Aussprache der Silbe „au“ wird im HP länger gezogen als im DE, gefolgt von einem angedeutetem „w“, so dass sich die Aussprache zwischen „au“, „aou“ und „auw“ bewegt.

Beispiele: Fauer = Feuer, genau = genau, Mausur = Feldsalat (Mausohr), auer = aber.

Im HP wird zwischen „v“ und „f“ nicht unterschieden, hier richtet sich die Schreibweise des HP nach derjenigen im DE.

Die DE Endung „...er“ bleibt im HP bei „...er“, die Aussprache ist jedoch im HP weicher und verschiebt sich in Richtung eines angedeuteten „a“, so dass man oftmals darüber streiten kann, ob man das entsprechende Wort im HP mit der Endung „-a“ statt „-er“ schreibt.

Die DE Endung „...ig“, DE geprochen „...ich“ wird im HP zu „...isch“.

Beispiele: lustisch = lustig, richdisch = richtig

Im HP wird meist nicht eindeutig zwischen „ch“ und „sch“ unterschieden, die Übergänge sind fließend, und bei der Aussprache hört man kaum einen Unterschied.

Bei der Übersetzung vom DE ins HP wurde hier die Schreibweise gewählt, die dem gesprochenen Laut am nächsten kommt. Im Einzelnen kann darüber jedoch gestritten werden. Insbesondere die DE Silben „lich“ und „chen“ werden hier in der HP Schreibweise unverändert übernommen, obwohl sich die Aussprache im HP etwas von „ch“ in Richtung „sch“ verschiebt. Verwirrend? Gut so! Es soll ja nicht zu einfach sein, sonst könnte jeder leicht Honsregger Platt reden ...

Glücklicherweise heißt DE Kirche im HP Kärch, Kärich oder Kirich und DE Kirsche im HP Kiersch, so dass es hier keine Verwechslungsgefahr gibt...

Auch wenn ich in der Einleitung erwähnte, dass Hunsrücker meist fehlerfreies Hochdeutsch sprechen können, so ist das verwaschene „ch/sch“ wohl die sprachliche Eigenart, mit der sie beim Hochdeutschsprechen am ehesten auffallen – zumindest in den Regionen Deutschlands, in denen sehr klar zwischen „ch“ und „sch“ unterschieden wird. Denn es sei angemerkt, dass es noch weitere deutsche Dialekte gibt, die nicht eindeutig zwischen „ch“ und „sch“ unterscheiden, im Wesentlichen die mitteldeutschen, gesprochen ganz grob in einem breiten Streifen vom Saarland bis nach Sachsen, unter anderem Kölsch.

Mit „t“, „d“ und „dt“ verhält es sich ähnlich wie mit „ch“ und „sch“, auch hier sind die Übergänge im HP fließend.

Beispiele: haut = heute, im HP haud oder haudt zu schreiben und zu sprechen ist genauso richtig; Seyd = Seite, im HP ist auch Seyt und Seydt richtig.

Die DE Endung und Verniedlichung „...chen“ wird bei Einzahl im HP meist zu „...che“, bei Mehrzahl zu „...cha“.

Beispiele: dat Kendche = das Kindchen, die Kennacha = die Kindchen, Steggelcha = Kurzgeschichten (Stückchen). Ängelcha = kleine Enkelkinder, dat Pidderche = das Peterchen.

Ausnahme: dat Plätzje = das Plätzchen, die Plätzja = die Plätzchen.

Wird von einem Menschen gesprochen, so wird bei Frauen die Präposition „dat" verwendet, bei Männern „dä".

Im HP wird bei weiblichen Personen der neutrale Artikel verwendet. Folgt der Name nach dem Artikel, kann „dat" oder „et" verwendet werden. Folgt dem Artikel kein Name, ist auch „it" möglich, „it" betont etwas mehr, dass genau diese Person gemeint ist. Beispiele: dat/et Mathilde es gelaf = die Mathilde ist gelaufen, dat/et/it es gelaf = sie ist gelaufen; aber: die Fra = die Frau, Beispiel: Wat hot die Fra gemach? Die/se es gelaf. = Was hat die Frau gemacht? Die/sie ist gelaufen. Allerdings: dat Framensch = die Frau.

Bei männlichen Personen wird „dä" statt „dat/et" und „ä" statt „it" verwendet.

Für zusammengesetzte Wörter gelten die Regeln der Teilwörter.

Beispiel: Bloomewaas = Blumenvase.

Abgesehen von diesen Regeln sind die meisten der im Abschnitt *Wortteil* nicht aufgeführten Wörter in beiden Sprachen gleich.

Neudeutsche Wörter oder Begriffe sind in der Regel im HP und DE gleich oder den Übersetzungsregeln entsprechend angepasst.

Beispiele: Handy, Computer/Compuder/Compuda.

Für manche DE Wörter werden im HP **Synonyme** verwendet.

Beispiele: (in Klammern das HP Wort, das statt des DE Wortes verwendet wird): Toilette (Klo), nichts (nix), Geräusch (Krach), Schwein (Wutz, Sau), Kneipe (Wirtschaft), arbeiten (schaffe).

Trotzdem werden diese DE Wörter natürlich auch im HP verstanden, gelegentlich schleichen sie sich auch bei der Verwendung des HP ein.

Daneben gibt es im HP nicht existente DE Wörter, die im HP mit mehreren Begriffen umschrieben oder unter Verwendung der hier aufgeführten Regeln „eingehunsrückert" werden. **Beispiel:** Aus dem DE durchaus kann man das HP dorchaus generieren.

Schließlich gibt es DE Wörter, die man weder direkt ins HP übersetzen kann, noch „eingehunsrückert" werden, trotzdem können sie im HP verwendet werden.

Beispiel: das DE Existenz.

Von allen drei vorgenannten Varianten sollte nicht zu häufig Gebrauch gemacht werden, es zeugt von einem eher „schlechten" HP, oder anders ausgedrückt: Es lässt die Vermutung aufkommen, dass da jemand längere Zeit in „Nicht-Honsregger" Landstrichen gelebt hat.

Dem gegenüber gibt es auch Wörter, die man in der alltäglichen Sprache im HP eher und im DE weniger gebraucht.

Beispiel: Nexnotz = Nichtsnutz.

2 Erste Schritte auf dem Hunsrück

Bevor wir ins Detail gehen, ein kleiner Sprachführer für die ersten Schritte auf dem Hunsrück.

Guten Tag!	Guden Tach!
Entschuldigen Sie bitte!	Entschuldigung!
Wie komme ich nach ...?	Wie komm(e) ich no ... (mit offenem o)
Wie bitte?	Wie bidde?
Das habe ich nicht verstanden.	Dat hon ich net verstan.
Ich spreche kein Hunsrücker Dialekt, ich spreche nur Hochdeutsch.	Ich schwätze kän Honsregger Platt, ich schwätze nur Hudeitsch.
Würden Sie mir das bitte auf der Karte zeigen?	Däre Se mir dat bidde off der Kart zeie?
Würden Sie mir bitte auf der Karte zeigen, wo wir hier sind?	Däre Se mir bidde off der Kart zeie, wu mir hey sen?
Danke!	Dange!
Wo gibt es hier ein Geschäft/eine Tankstelle/ein Restaurant/ein Hotel/eine Sehenswürdigkeit/einen Arzt?	Wu gift et hey en Geschäft/en Tankstell/en Wirtschaft/en Hotel/wat se sen/en Dogder?
Gibt es hier eine Bushaltestelle/einen Bahnhof?	Gift et hey en Bushaltestell/en Bahnhof?

Können Sie mir ein Taxi rufen?	Kenne Se mir en Taxi rofe?
Ich hätte gern ...	Ich hätt gär ...
Können Sie mir bitte das dort geben?	Kenne Se mir bidde dat lo gän?
Wie viel macht das?	Wie vill kost dat?
Das habe ich nicht verstanden, nehmen Sie bitte mein Portemonnaie und zählen Sie selbst ab.	Dat lo hon ich net verstan, hey hon Se mei Portemonnaie on zele Se sälwer ab.

3 Wortteil

Um Wörter im Kontext zu zeigen, ist zu einigen Begriffen ein Beispielsatz angefügt.

3.1 Honsregger Platt – Hochdeutsch

Houshalt on Kleidung	**Haushalt und Kleidung**
aandoon	anziehen
Abbarat	Apparat
Abbaratskrobbe (E)	Einkochapparat
Abtritt (veraltet, heute: Klo)	Toilette
Amer (E)	Eimer
Ämer (K) **Beispiel:** Bräng ma mol dä Ämer.	Eimer **Beispiel:** Bring mir mal den Eimer.
Aua **Beispiel:** Wievill Aua es et?	Uhr **Beispiel:** Wieviel Uhr ist es?
Babeyer	Papier
Badebitt, Badewann	Badewanne
Bandoffele (mit geschlossenem o)	Pantoffeln
bare **Beispiel:** Ich gien in die Badewann bare.	baden **Beispiel:** Ich gehe in die Badewanne baden.
Bäsem (K)	Besen

Beecher	Bücher
Beern (K)	Glühlampe
Besem (E)	Besen
biele	bügeln
Biern (E)	Glühlampe
Bitt	Wanne
Bloomewaas	Blumenvase
Boch (K, mit geschlossenem o)	Buch
Bochs (mit geschlossenem o)	Hose
Borem	Boden
botze (mit geschlossenem o)	putzen
Botzlabbe (mit geschlossenem o)	Putzlappen
Brell **Beispiel:** Do brauchst de kän Brell fier. (auch im übertragenen Sinne)	Brille **Beispiel:** Dafür brauchst du keine Brille.
Brelleschad (E)	Brillenetui
Brellschäd (K)	Brillenetui
Brustlabbe	Jackettweste
Buch (E)	Buch
Bur	Brunnen
Debbe	Topf
Deppche	Nachttopf

Degg	Decke
Desch **Beispiel:** Die Gawel leit off dem Desch.	Tisch **Beispiel:** Die Gabel liegt auf dem Tisch.
Dier	Tür
Dillche	kleines Wand hängendes Regal
Dooch	Tuch
dreggisch	dreckig, schmutzig
Drobbe	Tropfen (Einzahl)
Eckdillche	Eckregal
Enkochabbarat (K)	Einkochapparat
enweische	einweichen
Fauer	Feuer
Feyerche	Feuerchen, kleines Feuer
Fister (f/n)	Fenster
Fixfauer	Streichholz
Flasch	Flasche
Gawel	Gabel
Geldsäggelche	Portemonnaie
Gerembel	Gerümpel
Gewierz	Gewürz, Würze
Gierdel	Gürtel
Giest de henner mich	Frack (wörtlich übersetzt: gehst du hinter mich)

Haißche (E)	Häuschen
Hänsche (K)	Handschuhe
Hennsche (E)	Handschuhe
Heyßche (K)	Häuschen
Him **Beispiel:** Dat Him es dreggisch.	Hemd **Beispiel:** Das Hemd ist schmutzig.
Hous	Haus
Huwasser Bochs (mit geschlossenem o)	zu kurze lange Hose (Hochwasser-Hose)
kafe **Beispiel:** Ich gien kafe. Kemmst de met?	einkaufen, kaufen **Beispiel:** Ich gehe einkaufen. Kommst du mit?
Kännel (E)	Regenrinne
Keeres	Arbeitsjacke aus Leinen
keifst	kaufst
Kenel (K)	Regenrinne
Kennerschies	Kinderwagen
Kesse	Kissen
kiere **Beispiel:** Samsdaachs kiert die Tande Marie emmer die Stroß.	kehren **Beispiel:** Samstags kehrt Tante Marie immer die Straße
Kierz	Kerze
Kisch	Küche
Kischepidder(sche)	kleines Küchenmesser

Klaid	Kleid
klän	klein
Klärer (K) Klarer (E)	Kleidung, Kleider
Klauster	Vorhängeschloss
Klausterche	kleines Vorhängeschloss
Klistiersche	Klystier
Klo	Toilette
Knäpp	Knöpfe
knebbe	knöpfen
Knopp	Knopf
Kobbekesse (mit offenem o)	Kopfkissen
Koppkesse (mit offenem o)	Kopfkissen
Koref	Korb
Korf	Korb
Krane	Wasserhahn
Krell	Halskette
Krobbe (nur E, mit offenem o)	Topf
Labbe	Lappen
Läffel	Löffel
Lamp	Lampe
lärisch	leer (im Sinne von „gerade leer geworden“)

Laye	Dachziegel
Lubbes	Schnuller
Mandel	Mantel
Mann	Wäschekorb aus Weide
Nol (mit offenem o)	Nadel
Onnerbochs (K)	Unterhose
Owe	Ofen
Pann	Pfanne
Pissdeppche	Nachttopf
Pisspott	Nachttopf
Plaage	Flicken
Plümo (aus dem Französischen)	Bettdecke mit Füllung
Reif (E)	Reibe
Reybat	Hosentasche
Reyf (K)	Reibe
Reyserbäsem (K)	Reisigbesen
Reyserbesem (E)	Reisigbesen
Sackdooch	Taschentuch
Säggel	Hosentasche
Säggelche	kleiner Sack
Sai (E)	Siebschüssel
Schäbbel	Messbecher, größere Tasse
Schabellche	Fußbänkchen

Scherwel	Scherbe
Schessel	Schüssel
Schlessel **Beispiel:** Hosde meine Schlessel gesehn?	Schlüssel **Beispiel:** Weißt du, wo mein Haustürschlüssel ist?
schleyfe	schleifen
Schlofstoff (erstes o offen, zweites geschlossen)	Schlafzimmer
Schlofzemmer	Schlafzimmer
Schlopp (mit offenem o)	Schleife
schneire	schneiden
Schoh	Schuh, Schuhe
Schohreme (K) Schohrieme (E)	Schnürsenkel
Schopp (mit offenem o)	Schuppen
Schossel	Schüssel
Schorschde (E)	Schornstein
Schurschde (K)	Schornstein
Selläppche	Schlabberlatz
Sey (K)	Siebschüssel
Siff	Sieb
Sobbekomp (beide Male geschlossenes o)	Suppenterrine, Suppenschüssel
Sobbeläffel	Suppenlöffel

Sonndaachskest	verknitterter Kleidungshaufen (im übertragenen Sinne, lässt sich nicht wörtlich übersetzen; wird verwendet, um auf nicht zusammengelegte, ungebügelte oder verknitterte Kleidung hinzuweisen)
Beispiel: Hot dat lo in der Sonndaachskest gelä?	**Beispiel:** Hast du das nicht gebügelt?
Spend	Abstellkammer
Spendche	Abstellkammer
Spere	Keileinsatz (Textil) zum Erweitern von Hosen oder Röcken
Spiel	Spiegel
Spill	Spiel
Sprauzelkierz	Wunderkerze
Spillsache	Spielsachen
Stambessteeßa	Stampfer zur Herstellung von Kartoffelpüree
Stambesstießer	Stampfer zur Herstellung von Kartoffelpüree
Stänner	Ständer
Steft	Stift
Stembel	Stempel, Stuhl-/Tischbein
stoche (mit offenem o)	(Ofen) befeuern

Stoh (E, mit geschlossenem o) (auch: god Stoh)	Wohnzimmer (gute Stube)
Stohl (K)	Stuhl
storksisch	gestärkt und steif (meist in Bezug auf Kleidung)
Streck	Strick
Strecknol (mit offenem o)	Stricknadel
Stremp	Strümpfe, Socken, Strumpfhose
Streychholz (mit geschlossenem o)	Streichholz
Stromp	Strumpf, Socke
Stuff (K) (auch: god Stuff)	Wohnzimmer (gute Stube)
Stuhl (E)	Stuhl
Tasch	Tasche
Tass	Tasse
Trapp	Treppe
Treps	Tropfen (Einzahl)
trepse	tropfen
Tutt	Tüte
Ulles	Kapuze
Unnerbochs (E)	Unterhose
verhozzelt (mit geschlossenem o)	verdorrt, verschrumpelt, geschrumpft

verkrombelt (mit geschlossenem o)	verknittert (Wäsche)
Vierhang	Vorhang
Waas	Vase
Wammes	warme Jacke
Wann	Wanne
Waschlawur	Waschgarnitur (früherer Begriff für Waschschüssel mit Kanne, dem Französischen entlehnt)
Wäsch	Wäsche
Wäschbitt	Wäschewanne
Wäschkisch	Waschküche
Wäschlabbe	Waschlappen
Wäschmaschinn	Waschmaschine
Wohnzemmer	Wohnzimmer (gute Stube)
Woll (mit geschlossenem o)	Wolle
Zemmer (K)	Zimmer
Zerel	Zettel
Zimmer (E)	Zimmer
Zores (mit offenem o)	Durcheinander (dem Jiddischen entlehnt)
Zutt	Ausgießer an Kaffeekanne

Menschlicher Körper	Menschlicher Körper
aanhiere	anhören
Aaf (E)	Auge
Aawe (E)	Augen
Au (K)	Auge
Aue (K)	Augen
Bach mache	pinkeln
Bän (E)	Bein
Bän	Beine
Bascht	Fingerkuppenhautriss infolge körperlichen Arbeitens
Bain (E)	Bein
Beyn (K)	Bein
Bloh (mit offenem o)	Magen-Darm-Erkrankung
Botzemann (mit offenem o)	Popel (verklumptes Nasensekret)
Dalles **Beispiel:** Komm ren, sos kreesde dä Dalles.	Erkältung **Beispiel:** Komm rein, sonst bekommst du eine Erkältung.
Dätz	Kopf (abfällig)
Delles	Kopf (abfällig)

Doll Knebbche (mit geschlossenem o)	Gelenkkapsel des Ellenbogens, die beim Anstoßen mit folgenden Schmerzen so bezeichnet wird.
Feeß	Füße
fehle (K)	fühlen
fiele (E)	fühlen
Fläächt	Haarzopf
Foß	Fuß
fratze	sich an etwas die Haut aufkratzen
Gäggisch Orer (mit offenem o)	siehe Doll Knebbche
Gefehl (K)	Gefühl
Gefiel (E)	Gefühl
Gesichter zehe	Grimassen schneiden
gugge	schauen
Hänn	Hände
Henerhaut	Gänsehaut (Frösteln)
hiere	hören, gehören
Hondsfurtz	Gerstenkorn
Hoor	Haar, Haare
Käpp	Köpfe
Knee (K), Knie (E)	Knie
Kopp (mit offenem o)	Kopf

laustere	zuhören, lauschen
Linkstotsch (mit offenem o)	Linkshänder (abwertend)
Meyler	Mäuler
Meyler mache	Playback singen
Naal	Nagel
naggisch	nackt
nählich	kränklich
nählich drengugge	schlecht (im Sinne von kränklich/dünn/abgemagert) aussehen
Beispiel: Dä sitt nählich aus.	**Beispiel:** Der sieht schlecht aus.
Nas	Nase
neese (K)	niesen
niese (E)	niesen
Pein	Schmerzen
pespere	flüstern
pinkele	pinkeln
reeche (K)	riechen
Regge	Rücken
rieche (E)	riechen
saiche	pinkeln
Schlecks	Schluckauf
Schnorrbart, Schnorres	Schnurrbart

Scholler (mit geschlossenem o)	Schulter
Schwelles	Kopf (abfällig)
schwetze	schwitzen
sehn (K), sihn (E)	sehen
selle	sabbern
siet (E)	sieht
sitt (K)	sieht
spautze spugge	spucken
Stier	Stirn, Stier
stinge	stinken
suddele	verschütten bzw. krümeln bei Tisch
Ur **Beispiele:** Hall die Ure steyf. Loss die Ure net hänge.	Ohr **Beispiele:** Halte die Ohren steif. Lass die Ohren nicht hängen.
Urepein	Ohrenschmerzen
Wirsching	Kopf (abfällig)
Zänn	Zähne
Zannt	Zahn
Zieh	Zehe
zohiere	zuhören

Wat se esse on se drenge	Lebensmittel und Getränke
Abbelebomm (mit geschlossenem o)	Apfel (entkernt, mit Brotteig ummantelt und so gebacken)
Äbbelschmier	Apfelkompott
Ai	Ei
Aierschmier	Warmer Brotaufstrich, in der Pfanne gerührt und erhitzt Zutaten: Eier, Mehl, Salz, Speck (ähnlich Rührei)
Aschkradselle	Hagebutten
bagge	backen
Beremche	Kuchenboden, Kuchen mit Kuchenboden
Beispiel: Erbeleberemche	**Beispiel:** Erdbeerkuchen
Bree	Brühe
Bier	Bier, Birne (Obst)
Biere	Birnen (Obst)
Bodder (mit geschlossenem o)	Butter
Bramele (E)	Brombeeren
Brämele (K)	Brombeeren
Brietche	Brötchen
brore (mit offenem o)	braten
Brore (mit offenem o)	Braten

Brotwurscht (mit offenem o)	Bratwurst
Brut	Brot
Brutsteck	Brotscheibe
Bune	Bohnen
Dauerwurscht	Dauerwurst, Salami
Debbekooche	Kartoffelkuchen (Hunsrücker Gericht)
Deilche	süßes Gebäckstück
Digge Bune	Dicke Bohnen
Eierkooche	Pfannkuchen
drenge	trinken
Emmbere	Himbeeren
Erbel	Erdbeere
Erbele	Erdbeeren
Erwes	Erbse, Erbsen
esse	essen
Flaisch	Fleisch
Flaischwurscht	Fleischwurst
Flibbesja (E)	Kartoffelplätzchen, Kartoffelpuffer, Reibekuchen
gäl Limo (K)	Orangenlimonade
gäss **Beispiel:** Hodda schon gäss?	gegessen **Beispiel:** Habt ihr schon gegessen?

Gedämpde	gedünstete Kartoffeln
geel Limo (E)	Orangenlimonade
Gehanstrauwe (schwazze, rure)	Johannisbeeren (schwarze, rote)
Gretz	Runkelrüben
Grinschele	Stachelbeeren
Grubbele (E)	kleine Gebäckkugeln (ähnlich kleiner Berliner ohne Marmelade; traditionell zwischen Weihnachten und Silvester)
Gudsja	Bonbons
Gudsje	Bonbon
Illich	Zwiebel(n)
Kafezeesch	Füllung einer leinenüberzogenen Matratze aus Haferähren
Kaffi	Kaffee
Kalde Kaffi	Limo und Cola gemixt (Spezi)
Kalt Reppche	Frankfurter Rippchen
Kappes	Weißkohl
Kappes on Erwes	Hunsrücker Gericht, bestehend aus Sauerkraut und pürierten Erbsen

Kappesstann	Bottich zum Einlegen von Kohl (um daraus Sauerkraut zu machen)
Klatschkäs	Quark
Kließ	Klöße
Klore (mit offenem o)	klarer Schnaps
Knopp	Obstkern
Kommer (mit geschlossenem o)	Gurke
Kooche	Kuchen
Kranewasser	Leitungswasser
Krebelcha (E)	Kartoffelplätzchen, Kartoffelpuffer, Reibekuchen
Kremel	Krümel, Streusel
kremele	krümeln
Krommbier	Kartoffel (wörtlich: krumme Birne)
Krommbiere Kechelcha	Kartoffelplätzchen, Kartoffelpuffer, Reibekuchen
Krommbiere Plätzja	Kartoffelplätzchen, Kartoffelpuffer, Reibekuchen
Kurscht	Brotkruste
Lens	Linse
Lensesopp	Linsensuppe
Mähl	Mehl

Mählkließ	Mehlklöße
maulmoß (mit offenem o)	lauwarm (wörtlich: mundgerecht warm)
Mausur	Feldsalat (Mausohren)
Melisch	Milch
Mengkäs	Quark
Miffelche	kleiner Bissen, sehr kleiner Happen
Morbele (E)	Heidelbeeren
Muffel **Beispiel:** Gäff ma noch äne Muffel.	Bissen, kleiner Happen **Beispiel:** Gib mir noch ein wenig von dem Essen.
Muggefuck	Ersatzkaffee aus geröstetem Korn
Mur	Möhre
Mure	Möhren
Murekopp	Schokokuss
Norle (mit offenem o)	Nudeln
Nuddele	Nudeln
Pizza	Pizza, Pizzeria
Plätzje	Plätzchen (Einzahl)
Plätzja	Plätzchen (Mehrzahl)
Prissel	Schnittlauch
Quetsche	Zwetschgen, Pflaumen

Quetscheschmier	Pflaumenmus
Rommele (K)	Runkelrüben
Rure Mure	Rote Beete
Rummele (E)	Runkelrüben
Rutmure	Rote Beete
Sau(e)re Kappes	Sauerkraut
Schäbbel, Schäbbelche	Endstück vom Brot
Schässje	Wasserweck (doppeltes (aneinander gebackenes) Brötchen)
schmackt	schmeckt
schmagge	schmecken
schnause (K)	Süßigkeiten essen, naschen
schnuggele (E)	Süßigkeiten essen, naschen
Schoggolad (beide o geschlossen)	Schokolade
Seybune	Dicke Bohnen
Sennef	Senf
seß (K)	süß
sieß (E)	süß
Sopp (mit geschlossenem o)	Suppe
souer	sauer
Stambes	Kartoffelpüree

Stretz (K)	kleine Gebäckkugeln (ähnlich kleiner Berliner ohne Marmelade; traditionell zwischen Weihnachten und Silvester)
Streyselkooche	Streuselkuchen
Stubbi	0,33l-Bierflasche
Suddelbree	dünne Brühe (auch: dünner Kaffee), schale Brühe, Dreckwasser
Steck	Brotscheibe, Stück (allgemein)
Trauf	Traube
Trauwe	Trauben
Wähle (K)	Heidelbeeren
Wat se esse	Lebensmittel
weiß Limo	Zitronenlimonade
Weyn	Wein
Wirsching	Wirsing (Kohlsorte)
Wurscht	Wurst
Zimmeskooche	Streuselkuchen
Zugger	Zucker
Zuggerstän (K)	Bonbons
Zuggerstäncha (K)	Bonbons
Zuggerstänche (K)	Bonbon

Zuggerstayn (E)	Bonbon, Bonbons
Zuggerstayn (K)	Bonbon
Zuggerstayncha (E)	Bonbons
Zuggerstaynche (E)	Bonbon
Zwiwwel	Zwiebel

Landwirtschaft, Dier, Nadur / Landwirtschaft, Tiere, Natur

Abbel	Apfel
Äbbel	Äpfel
Ähr, dä	Getreideernte, die
Aierpesche (K)	Löwenzahn
Aierputsch (E)	Löwenzahn
Arwet (K)	Arbeit
Atzel	Elster
Awet (E)	Arbeit
Baam	Baum
Bach, dä/die **Beispiel:** Dat giet die Bach ronner.	Bach, der **Beispiel:** Das geht den Bach hinunter.
Barsch	kastrierter Eber
benne (K)	binden
Berisch	Berg
Bersch	Berg

Binn	Biene
binner (E)	binden
Blaat	Blatt
Bleerer	Blätter, Laub
Blemche	Blümchen
Bloom	Blume
buhre	bohren
Bulldogg	Traktor
Bur	Brunnen
Dann	Tanne
Dauf	Taube
Dengelstock	Schärfgerät für Sense
Dick Meck	brummende, dicke Fliege
Dier	Tier, Tiere
Dreschfläel	Dreschflegel
Eil	Eule
Ferer	Feder
Fererriesche	kleine Nelke
Flimmermeyssche	Motte
Frucht	Frucht, Getreide
fussele	nieseln
Gaade	Garten
Gail	Pferde
Gärde	Gärten

Gaul	Pferd
Gerscht	Gerste
Geß	Gießkanne
geße	gießen
Gewerrer	Gewitter
Gretzmill	Runkelrübenzerhacker
Gromet, Grommet (beide mit geschlossenem o)	Heu des zweiten Schnittes
Haar	Zuruf "nach links" an Zugvieh (Pferd, Kuh)
Haas	Hase
Häb	krummes/leicht gebogenes Beil (z.B. zum Abschlagen von dünnen Ästen)
Hai	Heu
Hakorettche	Gartenfräse (Hakorette = Markenname)
Halegarde	Schrebergarten am Rand von Sabershausen
Hawer	Hafer
Hawill	Kreuzhacke
Hener	Hühner
Herrgottsdierche	Marienkäfer
Hingel	Küken
Hingelche	Küken

Hohn (K, mit geschlossenem o)	Huhn
Holz (mit geschlossenem o)	Holz
Hond (mit geschlossenem o)	Hund
Hott, Hotz	Zuruf "nach rechts" an Zugvieh (Pferd, Kuh)
Hubäner	Insekt, spinnenartig mit schlankem Körper und langen Beinen
Huhn (E)	Huhn
Hurd	linkes bzw. rechtes seitliches Brett eines Ackerwagens
Kaascht	vierzackige Gartenharke
Kaneinche	Kaninchen
Kärrche	von Hand gezogener kleiner Karren
Katz	Katze
Kerem	Kette (kein Schmuck)
Kiersch	Kirsche
Klie	Klee
Koo (K)	Kuh
Koppbreed	vorderes bzw. hinteres seitliches Brett eines Ackerwagens
Kobbelkeremche	Kopfgeschirr für Arbeitskuh

Kor (mit offenem o)	Korn, Roggen
kraure	jäten (Unkraut)
Kuh (E)	Kuh
Laaf	Laub
Laider (K), Läider (E)	Leiter
Langfurd	Verbindungsbalken zwischen Vorder- und Hinterachse eines Ackerwagens
Lenne	Linden
Leys	Läuse
Lune	Sicherung für Ackerwagen und Heuwagen (Stange zum Halten der Wagenwand, gleichzeitig als Splint für die Radachse dienend)
Mais (E)	Mäuse
Maus (K)	Maus
Mechannik	Mechanik zum Radabbremsen
Meck	Fliege, Stubenfliege
Mest	Mist, Kompost
Meys (K)	Mäuse
Mibbesja	Samen von Birken (auch andere kleine Teile)
Mierzblemcha	Gänseblümchen
Mill	Mühle

Molder (mit geschlossenem o)	Maulwurf
Mous (E)	Maus
Muck	weibliche Sau
Nadur	Natur
Ness	Nüsse
Noss (mit geschlossenem o)	Nuss
Ometzele	Ameisen
Paad	Pfad
Pädche (K)	kleiner Pfad
Peedche (E)	kleiner Pfad
Pell	fast ausgewachsenes Huhn
Pellche	fast ausgewachsenes Huhn
Pesch	Strauch, Busch
Petschebloom	Tausendschön (Blume)
Pillche	Pfütze
plegge	pflücken
Pomp (mit geschlossenem o)	Pumpe
Pull	Jauche, Gülle
Pullskaul	Güllegrube
Raaf	Rabe
Rän (E)	Regen
Reche	Rechen
Remmel	kleiner Hang
Ren (K)	Regen

Renboe (mit offenem o)	Regenbogen
Rend	Rind
Reyn	Rhein
Rie	Reh
Sai (E)	Säue
Sau (K)	Schwein
Schauer	Scheune
Schaueredenn	Scheunenboden
Schauerepiertche	Türausgang aus Scheune nach hinten
Schauereport (E)	Scheunentor
Schauerepurt (K)	Scheunentor
Schepp	Schaufel, Schippe
Schloorerfass	Behältnis aus Rinderhorn, am Gürtel zu befestigen, wird mit Wasser und einem Schleifstein gefüllt, um die Sense bei Mäharbeiten nachschleifen zu können
Schof (mit offenem o)	Schaf(e)
Seens	Sense
Semmer	Holzbehältnis zum Abmessen von Getreide (rund, offen, mit Metallringen, mit Griffen, fasst 1/3 Zentner)
Sey (K)	Säue

Sillescheyd	Sielscheid (Wagengeschirr)
Some (K, mit geschlossenem o, E, mit offenem o)	Samen
Spenn	Spinne
Stän (K)	Steine
Stayn (E)	Stein, Steine
Stayn (K)	Stein
Stechmeck	(Stech-)Mücke
Straicher	Sträucher
Strunck	Wurzel mit unteren Trieben einer Pflanze
Sou (E)	Schwein
Ureschlebber	Ohrenkriecher, Gemeiner Ohrwurm
Veh	Vieh
Vol (mit offenem o)	Vogel
Volsnest (mit offenem o)	Vogelnest
Wäd	Weide
Waiz (K)	Weizen
Wäiz (E)	Weizen
Wäner	Wagner, Stellmacher (Handwerker landwirtschaftlicher Holzgeräte)
well (K)	wild

Welleff	Wölfe
Wellsau (K)	Wildschwein
Wellwutz (K)	Wildschwein
Wend	Wind
Wespel	Wespe
Wetzstain (K)	Schleifstein
Wetzstän (E)	Schleifstein
will (E)	wild
Willsou	Wildschwein
Willwutz (E)	Wildschwein
Wiss	Wiese
Wissbaam	Balken, der über Heuwagen gelegt und über einen Knebel nach unten gedrückt wird, um das Heu zusammenzuhalten, damit es beim Transport nicht hinunterfällt
Wolleff (mit geschlossenem o)	Wolf
Wutz (Mehrzahl: Wutze)	Sau, Schwein

Frühere Abfolge bei der Getreideernte nach dem Mähen:

geroff (mit offenem o)	aufgehoben

gebonn (mit geschlossenem o)	gebunden
off Kaste gestallt	lässt man auf dem Feld zum Trocknen stehen
gedrosch	nach einigen Tagen lädt man das Getreide auf den Wagen und zu Hause drischt man es dann mit der Dreschmaschine.

Heute erfolgt all dies in einem Arbeitsgang mit dem Mähdrescher.

Gesellschaft on Kärch	**Gesellschaft und Kirche**
Amm	Hebamme
Ängel (K)	Enkel
Auswannerer	Auswanderer
Babba	Papa
Bagasch	Bagage, Gesindel, Gruppe von Menschen (abwertend)
bäre	beten
bärele	betteln
Bas	Tante (siehe auch "Tant")
Begger	Bäckerei, Bäcker
Bekanntschafde	Bekanntschaften

Bendelchesdaach	Bündelstag (27. Dezember, an dem bis zu Beginn des zwanzigsten Jahrhunderts Bedienstete ihr „Bündel“ packten und zu einer neuen Anstellung aufbrachen; heute traditionell ein Tag, an dem Wanderungen unternommen werden)
Blohkäpp (mit offenem o)	Protestanten
Borsch (K)	Burg
Brerer (K)	Brüder
Brierer (E)	Brüder
Brorer (mit geschlossenem o) (K)	Bruder
Brurer (E)	Bruder
Burisch (E)	Burg
Cousän	Cousin
Cousin	Cousine
Daiwel (E)	Teufel
Därfer	Dörfer
Deywel (K)	Teufel
Dogder	Arzt
Doref (mit offenem o), Dorf	Dorf
dud	tot
Dure	Tote

Durelaad	Totenbahre
Durezerel	Totenzettel
Ellere	Eltern
emes	jemand
Enngel (E)	Enkel
Fra	Frau
Frae, Fraleit (E), Fraleyt (K)	Frauen, Weiber
Framensch	Frau
freie (E)	freien (um eine Frau werben)
Freindschaft	Freundschaft
Freindschafde	Freundschaften
frem	fremd
Fremer	Fremder
freye (K)	freien (um eine Frau werben)
Gebät (K),	Gebet
Gebeet (E)	Gebet
Gehaischnis	Wohlfühlumgebung (Umgebung, in der man sich geborgen fühlt)
Geman (E)	Ortsgemeinde
Gemän (K)	Ortsgemeinde
glawe (E)	glauben
gläwe (K)	glauben

God (mit geschlossenem o)	Patentante
Godeweck	Geschenk der Patentante zu Weihnachten, erfolgt bis zum 15. Geburtstag einschließlich (ursprünglich tatsächlich ein etwas größerer „Weck“, also „Brötchen“)
Graf	Grab, Graf
Grußmedderche	alte Frau
Grußmodder	Großmutter
Helljeheysche	Heiligenhäuschen, kleine Kapelle
Hillich	Polterabend
Hucksend	Hochzeit
Hussje	Geldeintreiber, Gerichtsvollzieher (aus dem Französischen: huissier)
Kärch (K) Kärich (K)	Kirche
karischt	geizig, neidisch
Kärmes	Kirmes
Kärwisch (K)	Friedhof
Kend	Kind
Kendche	Kleinkind, Baby
Kenner, Kennercha	Kinder
Kirich (E)	Kirche

Kirchhof (E)	Friedhof
kniggisch	geizig
kondant sen **Beispiel:** Mit dämm sen ich god kondant.	(mit jemandem) bekannt sein **Beispiel:** Den kenne ich gut.
Könisch	König
Krestkendche **Beispiel**: Dat Krestkendche backt.	Christkind **Beispiel:** Orange-rote Wolken bei Sonnenuntergang im Spätherbst.
Kreyz	Kreuz
Krestdaach	Weihnachten
Laakes	großer Mann
Lausert	Lümmel
losslerisch (mit geschlossenem o)	ledig
Maat **Beispiel:** Giesde met off dä Beller Maat?	Markt **Beispiel:** Gehst Du mit zum Beller Markt?
maje gien	jemanden im Dorf besuchen gehen, um ein Schwätzchen zu halten
Medder	Mütter
Modder	Mutter
Mussik	Musik

Mussikche	Mundharmonika
nemes	niemand
Niggelos (mit offenem o)	Nikolaus
Nobasch (mit offenem o)	Nachbarn, Nachbarin
Nober (mit offenem o)	Nachbar
Norichte (mit offenem o)	Nachrichten
Ozt	hinterhältige Frau
Padd	Patenonkel
Paddeweck	Geschenk des Patenonkels zu Weihnachten (siehe Godeweck)
Panz	verwöhntes Kind
Pänz	verwöhnte Kinder
Pastur	Pastor, Pfarrer
Quetsch	Zieharmonika
Quetschemussik	Zieharmonikamusik
Sarisch	Sarg
Scheffe	Bürgermeister
scheße	schießen
Schinnozt	hinterhältige Frau
Schwazzkäpp	Katholiken
Schwierleit	Schwiegereltern
Schwiermodder	Schwiegermutter
Schwiervadder	Schwiegervater

Soldad (mit geschlossenem o)	Soldat
spille	spielen
spille gien	jemanden im Dorf besuchen gehen, um ein Schwätzchen zu halten
sterwe	sterben
stroße (mit offenem o) gien	jemanden im Dorf besuchen gehen, um ein Schwätzchen zu halten
Tant, Tande	Tante (siehe auch "Bas")
Ungel	Onkel
Ustere	Ostern
Vadder	Vater
verheirot (mit offenem o)	verheiratet
Volek (mit geschlossenem o)	Volk
Weiwer (E), Weywer (K)	Weiber, Frauen
Wirtschaft	Kneipe
Witz **Beispiel:** Dä es en richdischer zwerrischer Witz.	Sturkopf **Beispiel:** Der ist stur, ungeschickt und wird wütend, wenn es nicht klappt.

Zeyt on Begrüßung	Zeit und Begrüßung
allewai(l/le) (E) **Beispiel:** Allewai raischt et auer.	jetzt **Beispiel:** Jetzt reicht´s aber.
allewey(l/le) (K)	jetzt
Än	eine, ein Uhr (Uhrzeit)
au (E)	hallo
awai(l/le) (E)	jetzt
awey(l/le) (K)	jetzt
Daach	Tag
Deesdaach (E),	Dienstag
Densdaach (K)	Dienstag
Donnersdaach (mit geschlossenem o)	Donnerstag
Frehjohr	Frühjahr, Frühling
Freidaach	Freitag
Gemo(r)je	Guten Morgen
Genaacht	Gute Nacht
Genomend	Guten Abend
gester	gestern
Guden Tach, Guden, Tach	Guten Tag
haut Morje	heute Morgen
haut, haud, haudt	heute
hautsedaach	heutzutage

Johr (mit geschlossenem o)	Jahr, Jahre
Kalenner	Kalender
Maj	Mai (außer März und Mai entsprechen die Monatsnamen des HP denen des DE)
Meddaach	Mittag
meddaachs	mittags
Mettwoch (mit geschlossenem o)	Mittwoch
Mierz	März
Monat (mit geschlossenem o)	Monat
Moondaach	Montag
Morje	Morgen
morjens	morgens
naachts	nachts
nau	nun
Nommedaach (mit geschlossenem o)	Nachmittag
aber: no (mit offenem o) Meddaach	**aber:** nach Mittag
nommedaachs (mit geschlossenem o)	nachmittags
Omend (mit offenem o)	Abend
omens (mit offenem o)	abends

Samsdaach	Samstag
Schlof god!	Schlaf gut!
Sekund	Sekunde
Sonndaach (mit geschlossenem o)	Sonntag
Ston (mit geschlossenem o)	Stunde
Tschö	Tschüss
Wender	Winter
Woch (mit geschlossenem o)	Woche
Zeyt	Zeit

Farwe	**Farben**
bloh (mit offenem o)	blau
bondig (mit geschlossenem o)	farbig
Faref	Farbe
Farwe	Farben
gäl (K)	gelb
geel (E)	gelb
green (K)	grün
grien (E)	grün
groh (mit offenem o)	grau

retzerut **Beispiel:** Dä hot retzerure Hoor.	knallrot **Beispiel:** Der hat knallrote Haare
rure	rote
rut	rot
schwazz	schwarz
selwer	silbern

Zahlwierder — Zahlwörter

Zahlwierder	Zahlwörter
ällef	elf
dausend	tausend
dredde	dritte
dreddens	drittens
eind	eins
fönnef	fünf
fönnefde	fünfte
fönnefdens	fünftens
fuffzehn	fünfzehn
fuffzisch	fünfzig
honnert (mit geschlossenem o)	hundert
ierschde	erste (männlich und neutral), ersten
ierschdens	erstens

ierscht	erste (weiblich)
Milliard	Milliarde
nein (E), neyn (K)	neun
sechs (mit geschlossenem e)	sechs
siwwe	sieben
vierde	vierte
vierdens	viertens
zwai	zwei
zwaide	zweite
zwaidens	zweitens
zwelef	zwölf
zwien	zwei (betont)
zwo	zwei
zwode	zweite
zwodens	zweitens

Bei weiblichen Aufzählungen entfällt das „e“ am Ende, bei sächlichen Aufzählungen kann es wahlweise entfallen.

Beispiele:	**Beispiele:**
dä zwode Läffel	der zweite Löffel
die zwod Gawel	die zweite Gabel
dat zwod(e) Messer	das zweite Messer

Alle anderen Zahlwörter sind aus den oben genannten Zahlwörtern zusammengesetzt oder entsprechend den aufgeführten Regeln zu bilden.

Pronome	**Pronomen**
ä	er
aan (E)	ein, eine, eines (in Bezug auf weibliche und neutrale Substantive)
aane (E)	ein, einen, jemanden (in Bezug auf männliche Substantive)
aanem (E)	einem, jemandem
aaner (E)	einer, jemand
all	alle
allegar	alle, alle zusammen
än (K)	siehe aan (E)
äne (K)	siehe aane (E)
änem (K)	einem, jemandem
äner (K) **Beispiel:** Do stiet äner.	einer, jemand **Beispiel:** Da steht jemand.
äner von denne zwo Green	einer der beiden Gründe
anner	(der, die, das) andere
annere	andere (Mehrzahl)
aurer	eurer
dä	den
da (kurzes a) (in Fragesätzen)	ihr (Plural)
da (mit kurzem a)	dir

dä **Beispiele:** dä Bam, dä lo	der (als Nominativ), den **Beispiele:** der Baum, der dort
dat **Beispiele:** Es dat dat Gisela? oder Es dat et Gisela? Nä, dat es dat net.	das **Beispiele:** Ist das die Gisela? Nein, das ist sie nicht.
dau	du (eher in der persönlichen Anrede, sonst „de“)
de	du (in der persönlichen Anrede eher „dau“)
denn	den
denne	den (Mehrzahl), denen
der **Beispiele:** met der Zeyt, en der Nadur, an der Fra, off der anner Seyd	der (als Genitiv oder Dativ) **Beispiele:** mit der Zeit, in der Natur, an der Frau, auf der anderen Seite
dett	das
dir	dir, ihr (Plural)
em	ihm, ihr
en	ein, eine, einer, eines
et **Beispiele:** Lo henne giet et Mathilde. Et giet net.	es **Beispiele:** Dort hinten geht Mathilde. Es geht nicht.
imm	ihm, ihr

inn	ihn
Inne	Ihnen
irem (altenativ: seinem)	ihrem
irer (alternativ: seiner)	ihren, ihrer (Possessivpronomen bzw. besitzanzeigendes Fürwort)
it **Beispiel:** It wollt dat net	es (betont) **Beispiel:** Sie wollte das nicht.
ka (E)	kein, keine, keines (in Bezug auf weibliche und neutrale Substantive), keine (Plural für alle Geschlechtsformen)
kä(n) (K)	kein, kcine, keines (in Bezug auf weibliche und neutrale Substantive), keine (Plural für alle Geschlechtsformen)
kaane (E) **Beispiel:** Ich hon käne gesehn.	kein, keinen, keiner (in Bezug auf männliche Substantive) **Beispiel:** Ich habe niemanden gesehen.
kaaner (E)	keiner
käne (K)	siehe kaane
käner (K)	keiner
kei (K und E)	siehe kaane

keine (K und E)	kein, keinen, keiner (in Bezug auf männliche Substantive)
keint	keines
ma	wir
mei	mein, meine
mei, mein **Beispiel:** mein Modder	meine **Beispiel:** meine Mutter
meine **Beispiel:** meine Vadder	mein **Beispiel:** mein Vater
mir	wir
Nä, dat es dat net.	Nein, das ist sie nicht.
na, nas	welche (als Indefinitpronomen)
Beispiel: Hodda na?	**Beispiel:** Habt ihr welche?
nemand	niemand
os	unser
Se	Sie (Anrede)
se	sie
seinem	seinem, ihrem, seiner, ihrer, seinen, ihren
Sey	Sie (Anrede)
sey **Beispiele:** Lo henne giet sey. Lo henne gien sey. Dat/Et/It/Se/Sey/Die giet haim.	sie **Beispiele:** Dort hinten geht sie. Dort hinten gehen sie. Sie geht nach Hause.

uch **Beispiel:** Losst et uch god gien.	euch **Beispiel:** Lasst es euch gut gehen.
us	unser
wat	etwas, was

Weyrere Wierder | Weitere Wörter

Weyrere Wierder	Weitere Wörter
(klän) Hozzel (mit geschlossenem o)	etwas Kleines, oft auch kleine (ältere) Frau
aach (E)	auch, ebenso, genauso
aan (K und E)	an
Aanfang	Anfang
aangebraacht	angebracht
aangefang	angefangen
aangugge	anschauen
Aanstreicher	Maler (Beruf)
aanstrengend	anstrengend
abdegge **aber:** abgedeckt	abdecken **aber:** abgedeckt
abgespillt	abgespielt
abhalle	kleinem Kind beim Toilettengang behilflich sein
abholle (mit geschlossenem o)	abnehmen, abholen
abpetsche	abkneifen

ainfach	einfach
ainzisch	einzig
allän	alleine
allegebott (mit offenem o)	immer wieder (besonders in Bezug auf etwas als unnötig Erachtetes)
Beispiel: Allegebott es mein Audu kabott.	**Beispiel:** Immer wieder ist meine Auto kaputt.
alsu	also
andworde	antworten
Ängst	Angst
änisch	einig
Änn	Ende
annascht, anichda	anders
anner	(der, die, das) andere
arisch, arsch	arg
Ärjer	Ärger
Arwel	Armvoll
Beispiel: en Arwel Holz rentran	**Beispiel:** einen Armvoll Holz reintragen
Audo (mit geschlossenem o)	Auto
Audoschlosser	Automechaniker
Beispiel: Meine Vadder wor Audoschlosser.	**Beispiel:** Mein Vater war Automechaniker.
Audu	Auto
audumadisch	automatisch

Auduschlosser	Automechaniker
auer	aber
Ausdregg	Ausdrücke
ausenanner	auseinander
ausfiehrlich	ausführlich
ausrissele	ausschütteln
ausschleggere	ausschütteln
Aussproch	Aussprache
auße	außen
außerdämm	außerdem
äwe **Beispiel:** Dat es (halt) äwe su.	eben(drum) **Beispiel:** Das ist nun mal so.
bai (E)	zu
baien (E)	zu ihm
baiet (E)	zu ihr
bai se (E), bey se (K)	zu ihnen
Barras **Beispiel:** Dä wor freer beim Barras.	Militär **Beispiel:** Der war früher beim Militär.
batzisch **Beispiel:** Sey net su batzisch zo mir.	anschnautzend **Beispiel:** Schnauz mich nicht an.
bedange	bedanken
befasse	befassen

begge	bücken
behaupte	behaupten
beinah (E)	beinahe
Beispill	Beispiel
beispillsweis	beispielsweise
benotze	benutzen
Beraich	Bereich
berechdischt	berechtigt
berecksichdige	berücksichtigen
besonnasch	besonders, insbesondere
besonner (mit geschlossenem o)	besondere
besonnerer	besonderer
bestemmt	bestimmt
bevier	bevor
bewächlich	beweglich
bewahre	bewahren
bey (K)	zu
bey	bei
bey all	bei allen
bey dä **Beispiel:** Ich gien bey dä Begger. **aber:** von der Mussel bis zum Reyn	zum **Beispiel:** Ich gehe zum Bäcker. **aber:** von der Mosel bis zum Rhein

bey dat	zum
beyen (K)	zu ihm
bey et, beyet (K) **Beispiel:** Gie mol bey et.	zu ihr, bei das **Beispiel:** Geh mal zu ihr hin.
beym	beim
beynoh (K)	beinahe
bidde	bitte
bies	böse
Bimmel(bahn)	kleiner Eisenbahnzug, Schmalspurbahn, Hunsrückbahn
bissche, bissje	bisschen
Bleck	Blick
bleerere	blättern
bleiwe (E), bleywe (K)	bleiben
Bless	Tollpatsch, Dummkopf, Blödmann
Bleyferer	Bleistift
bliwwe	geblieben
Boe (mit offenem o)	Bogen
Boh (mit offenem o)	Wow (Ausdruck des Erstaunens)
Bohei mache. (mit geschlossenem o)	Wind um etwas machen.
Bogat (mit offenem o)	kostümierter Mensch

bossele (mit offenem o)	werkeln
botzisch (mit offenem o)	unwirsch, tratschend
braacht	gebracht
braddele	trödeln, sich in Kleinigkeiten verlieren
Braddeler	trödelnde Person
bränge	bringen
Brasilie	Brasilien
Breck	Brücke
Bref	Brief
brelle	trotzig weinen, brüllen
Buhrer	Bohrer
Bumsaudu	Autoscooter
dä lo	der dort
Dabbes	ungeschickte Person, Tollpatsch
dabbesisch	ungeschickt, tollpatschig
dabbisch	ungeschickt, tollpatschig
dachele	ohrfeigen
Beispiel: Ich doon dir än dachele!/Gleych kreest de än gedachelt!	**Beispiel:** Gleich ohrfeige ich dich!
daham (E)	zu Hause
dahäm (K)	zu Hause
dähey	dieser hier, diesen hier

damet	damit
dämm	dem, ihm, ihr
dämmhey	diesem, dem hier, diesem hier
dange	danke
dann	dann, denn
däde **Beispiel:** Dat däde mir net doon.	würden **Beispiel:** Das würden wir nicht machen.
däre	würden
dat	das (neutraler Artikel, wird im HP auch für weibliche Personen gebraucht, siehe unter "Pronomen"), dass
dät	täte, würde
dathey	dieses hier, dieses
datselwe	dasselbe, das Gleiche
deef (K)	tief
deie (E), deye (K) **Beispiel:** Dey mich mol an.	schieben **Beispiel:** Schieb mich (mein Auto, Fahrrad etc.) mal an.
Deil	Teil
deilweis	teilweise
deitsche	deutsche
Deitschland	Deutschland
dene	dienen

denge	denken
deswäe	deswegen
det (mit betontem e)	tut
dief (E)	tief
Ding	Ding, Dinge
Dinge	Dingen
Dinger	Dünger
do (mit geschlossenem o) **Beispiel:** Do dat weg.	tu **Beispiel:** Tu das weg.
do (mit offenem o)	da, dort
dobey	dabei
dodran	daran
dodrem (mit offenem o)	darum
dodren (mit offenem o)	darin
dodriwwer (mit offenem o)	darüber
dodroff	darauf
dofier	dafür
dogen (mit offenem o)	dagegen
dohin (mit offenem o)	dahin
Dollbuhrer (mit geschlossenem o)	überheblicher, verdrehter, angeberischer Mensch
domet	damit
dommele	beeilen
domols (beide o offen)	damals

dono (beide o offen)	danach
doon (mit geschlossenem langem o)	tun
dorch (K), durich	durch
Dorchenanner (mit offenem o)	Durcheinander
dorchenanner mache	verwirren, verunsichern
dorem (mit offenem o)	darum
dostelle	darstellen
dotze (K, mit geschlossenem o)	stoßen (im Sinne von „gegen etwas stoßen“)
Dotze (mit geschlossenem o)	Beule
dovon (1. o offen, 2. o geschlossen)	davon
dozo	dazu
drähe	drehen
drame (E) dräme (K)	träumen
dregge	drücken
dren	drin, enthalten
droff (mit geschlossenem o)	drauf
dronner	drunter
dud mache	töten
dumols	damals
dungel	dunkel, finster

dutze (E)	stoßen (im Sinne von „gegen etwas stoßen“)
Dutze	Beule
ebbes	etwas
effentlich	öffentlich
efter	öfter, öfters
Eifalt	gutgläubiger Mensch
eifelisch	gutgläubig, zu gut (Mensch), albern
Eisebahn	Eisenbahn
elennere	Heimweh haben
em	um
em	im
em allgemeine	im allgemeinen
embränge	ermorden, umbringen
emfangreich	umfangreich
emgekiert	umgekehrt
emmer	immer
emol	einmal
emsekiere	umzukehren
en	in (Ort), einen
enanner	einander
enenanner	ineinander
endtdegge	entdecken

Enfless	Einflüsse
Enfluss	Einfluss
engeschnappt	beleidigt
Enleidung	Einleitung, Prolog
entweggelt	entwickelt
erdisch Wärer	beständiges (schönes) Wetter
Erfenner	Erfinder
es (mit geschlossenem e gesprochen, also nicht wie das DE "es")	ist
fähle	fehlen
fählt	fehlt
fahre	fahren
faudele	schummeln (beim Spiel)
fenne	finden
ferdisch	fertig
Fernseher	Fernseher
Fernsehn	Fernsehen
Ferz	unsinnige Pläne
fest mache	montieren
festhalle	festhalten
festsehalle	festzuhalten
fier	für

Fissemadentcha, Fissemadende	(gedankliche) Spinnereien, Faxen
flabbisch	albern
fladdiere	appellieren, gut zureden (etwas zu tun), versuchen zu überreden
Fläel	Flegel (Arbeitsgerät und Schimpfwort)
flehe	fliegen
Flimmermeyssche	Angeber (Niederkirchspiel)
flodd (mit geschlossenem o)	flott, schnell
foche (mit offenem o)	schwer/schnell atmen
fodd (mit offenem o)	fort
fon (mit geschlossenem o)	gefunden
free (K), frie (E)	früh
freer (K), frier (E)	früher
Fro (mit offenem o)	Frage
froe (mit offenem o)	fragen
fruh	froh
fuddele	schummeln (beim Spiel), fummeln (im Sinne von: etwas zurecht fummeln)
gäffe(n) (K) **Beispiele:** Ich gäffe/gäwe dämm dat. Wart, ich gäffen/gäffe/gäwen/gäwe da dat.	geben **Beispiele:** Ich gebe ihr/ihm das. Warte, ich geb´s dir.

gäggisch	albern
gäggisch off ebbes sen	verrückt nach etwas sein
gaizisch (E)	geizig
gän	gegeben
gang	gegangen
Ganse	Ganze
gär	gerne
gäwe(n) (K)	geben
gebonn (mit geschlossenem o)	gebunden
gedaacht	gedacht
Geend	Gegend
geewe (E)	geben
gefiert	geführt
gefon (mit geschlossenem o)	gefunden
gefrot	gefragt
Gefuddel	Gefummel
gegrault	gefürchtet
gehiere	gehören
gehiert	gehört
geholef	geholfen
Gekretzel	Gekritzel
gelaacht	gelegt
geläft	gelebt

gell	oder? (zur Bestätigung in Frageform)
Beispiel: Gell dau giest met?	**Beispiel:** Du gehst mit, oder?
gelle	siehe gell
gelo (K mit offenem o, E mit geschlossenem o)	gelogen
gen	gegen
genä?	nee (nein)?, oder?
genannde	genannte
genausu	genauso
geniwwer	gegenüber
genooch (mit geschlossenem o)	genug
gesaat	gesagt
gescheckt	geschickt
Geschend	Gegend
geschriwwe	geschrieben
gesonnert (mit geschlossenem o)	gesondert
gespiert, gespurt	gespürt
gestritt	gestritten
gewinne	gewöhnen
Beispiel: Ä hot sich dodran gewinnt.	**Beispiel:** Er hat sich daran gewöhnt.

gewinnt sen **Beispiel:** Et es et gewinnt.	gewohnt sein **Beispiel:** Sie ist es gewohnt.
geyzisch (K)	geizig
gie	geh
gien	gehen
giest	gehst
giet	geht
gift **Beispiel:** Dä gift mir dat net.	gibt **Beispiel:** Der gibt mir das nicht.
gille	gelten
Gleck	Glück
gleych	gleich
gleyche	gleiche, gleichen
gleycht	gleicht
gleychzeidisch	gleichzeitig
god (mit geschlossenem o)	gut
Gold (mit geschlossenem o)	Gold
gorer (mit geschlossenem o) Schlabbes	fürsorglicher/behilflicher Mensch
gorer (mit geschlossenem o) Tobat	leichtgläubiger/zu guter/ gutmütiger Mensch
grad	gerade
graile (E), greyle (K)	fürchten
Grammadik	Grammatik

Greff	Griff
Grenn (K), Grinn (E)	Gründe
Gries	Größe
grießer	größer, größere
Griest	Größte
Grond (mit geschlossenem o)	Grund
gruß	groß
Haaf	Haufen (auch im Sinne von viel)
Beispiel: Dat sen en ganz schiene Haaf.	**Beispiel:** Das sind ganz schön viele.
Haffel (Mehrzahl: Häffel) **Beispiel:** Ich hon Häffel voll Ness offgeraff.	Handvoll **Beispiel:** Ich habe viele Nüsse aufgehoben.
Häffelche	kleine Handvoll, zierliche/ abgemagerte Person
haim (K)	heim, nach Hause
hais	heiß
halef	halb
Häleft	Hälfte
hälisch	heimlich
halle	halten
halt **Beispiel:** Dat es halt (äwe) su.	eben(drum), so ist es eben **Beispiel:** Das ist nun mal so.
halwe	halber (im Sinne von: halb)

halwe	halben
halwer	halber (im Sinne von: der Vereinfachung halber)
ham (E)	heim, nach Hause
häm (E)	heim, nach Hause
hät	hätte
heft (mit langem e)	hebt
hellefe (mit geschlossenem e)	helfen
henne (K)	hinten
henneno (mit offenem o)	hinterher
henner	hinter
hennerher (K)	hinterher
hennerpforzisch	hinterhältig
hennerschtf(i)erascht	Kleidungsstück verkehrt herum tragen, hinterhältig
hennerwerra off	komplett geöffnet (Tor oder anderes)
Beispiel: Mach dat Fister hennerwerra off.	**Beispiel:** Mach das Fenster ganz auf.
hennich	hinter
hergeleit	hergeleitet
Hetz	Hitze
hewe	heben
hey	hier

heydämm	diesem hier
heydat	dieses hier, dieses
heydriwwer	hierdrüber
heyhin	hierhin
heyriwwer	hierüber
Hie	Höhe, Anhöhe
hingeschriwwe	hingeschrieben, niedergeschrieben
hinne (E)	hinten
hinnerher (E)	hinterher
Hitt	Hütte
Hiwwel	Erhebung (kleine geographische)
hiwwelisch	uneben
hodda? **Beispiel:** Hodda schon gäss?	habt ihr? **Beispiel:** Habt ihr schon gegessen?
hoddisch (mit offenem o)	bald, hurtig
holle (mit geschlossenem o)	holen, nehmen
hon (mit offenem o)	haben, habe
Hondsbuckel	Hunsrück
Honsreck (K), Honsrick (E) (beide mit geschlossenem o)	Hunsrück
honsregger	hunsrücker

Honsregger	Einwohner des Hunsrück
Honsregger Platt	Hunsrücker Platt/Dialekt
Hoppe	Haufen
Hoppehaaf	großer Haufen
horrer	hat er
host (mit offenem o)	hast
hot (mit offenem o)	hat
hu (K), huch (E)	hoch
Hubbel	Erhebung (kleine geographische)
hubbelisch **Beispiel:** Dä Wääsch es hubbelisch.	uneben **Beispiel:** Der Weg ist uneben.
hudeitsch	hochdeutsch
Hudeitsche	Hochdeutsche
Husaicher	Angeber
Huwasser	Hochwasser
ierscht	erst, erste (weiblich), zuerst
ier	verwirrt
ier mache, dorchenanner mache	verwirren, verunsichern
ier sen	sich irren
inderessant	interessant
inderessiere	interessieren
Indernet	Internet

irgendän	irgendeine
iwrigens	übrigens
iwwer	über
iwwerall	überall
iwwerhaupt	überhaupt
iwwerisch	übrig
iwwerlaacht	überlegt
iwwerläe	überlegen
Iwwerschreft	Überschrift, Titel
Iwwersetzungsregele	Übersetzungsregeln
iwwertreiwe	übertreiben
jaus	draußen
jed	jede
jingste	jüngste
jo (mit offenem o)	ja
kabott (mit geschlossenem o)	kaputt
käller	kälter
kamma	kann man
kann schonn sen	kann schon sein, vielleicht, durchaus
kannsde	kannst du
känne	kennen
Kart	Karte

Kass	Bank (Kreditinstitut)
Kassett	Kassette
Kawel	Kabel
keint	keines
kemmt	kommt
kenne (K, mit geschlossenem e)	können
kennische (K), kinnische (E)	kündigen
kennt	könnte
kierzer	kürzer
klän	klein
klor	klar
knatschele	matschen
knatschisch	unleidlich, schlecht gelaunt
Knelles (K)	Dickkopf
Knode (mit geschlossenem o)	Knoten
konde (mit geschlossenem o)	konnten
konne (E)	können
korz (mit offenem o)	kurz
kraggisch	schlecht gelaunt
kraische	kreischen
kreen	kriegen, bekommen
kretzele	kritzeln

kreysche	weinen
Krom (K mit geschlossenem o, E mit offenem o)	Kram, Zeug, Zeugs
läe	legen
lafe	laufen
lang	lang, lange
Länner	Länder
Lare	Laden
läse	lesen
Läse	Lesen
läwe	leben
Läwe	Leben
lehe (K)	lügen
leie (E)	liegen
leisde	leisten
leit	liegt
Leit (E)	Leute
letzte	letzten
lev	lieb, liebe
lewe	liebe (Mehrzahl)
lewer	lieber
leye (K)	liegen
Leyt (K)	Leute
Liener	Lügner

liere	lernen
lihe (E)	lügen
Lihr	Lehre
Linnisch	Linie
lo (mit offenem o)	da, dort
loss **Beispiel:** Loss us dat su mache.	lass **Beispiel:** Lass uns das so machen.
losse (mit offenem o)	lassen
ma	man, mir
maach	mag
mache **Beispiel:** Mach dat.	machen, tun **Beispiel**: Tu das.
mäggerlich	fürchterlich
mäggerlich schien	wunderschön
Maju Majusep	Überraschungsausruf (Maria und Josef, mein Gott)
Majuna, Majunä Majusepna, Majusepnä	Überraschungsausruf (Maria und Josef nein, mein Gott nein)
malad	müde, fix und fertig (aus dem Französischen: malade)
manchmo(l)	manchmal
mane (E), mäne (K)	meinen (im Sinne von glauben/denken)

manichmol	manchmal
meddedren	mittendrin
Meddelfrängisch	Mittelfränkisch
meed (K)	müde
meisde	meiste
meisdens	meistens
melle	melden
menestens	mindestens
menge	werkeln, kleinere Arbeiten verrichten
merge	merken
mersi	danke (aus dem Französischen: merci)
mesche	mögen
mese	müssen
Beispiel: Wie weyt mese ma noch?	**Beispiel:** Wie weit ist es noch?
meßte	müssten
met	mit
metenanner	miteinander
metkreet	mitgekriegt, mitbekommen
metholle (mit geschlossenem o)	mitnehmen
michst	machst
micht	macht

mie	mehr
mied (E)	müde
Mieh	Mühe
mielisch	möglich
miese (E)	müssen
mo (mit offenem o)	mal
Modorad	Motorrad
mol (mit offenem o)	mal
mole (mit offenem o)	malen
moß (mit geschlossenem o)	muss
Mussel	Mosel
Musselfrängisch	Moselfränkisch
na, nä	nein
nächst	nahe
nadierlich	natürlich
näer	näher, nähere
Näh **Beipiel:** Dat es ganz en der Näh.	Nähe **Beipiel:** Das ist ganz in der Nähe
nai (E), ney (K)	neu
nairisch (E), neyrisch (K)	neidisch
näwe(r)	neben
näwisch **Redewendung:** Näwisch der Kapp sen.	neben **Redewendung:** Nicht ganz fit sein.

negge (K)	nicken
nenne	nennen
nerrer	nieder
net	nicht
Nexnotz	Nichtsnutz
nierisch	nötig
nigge (E)	nicken
nimie	nicht mehr
nirjens	nirgends
nix	nichts, nix
no (mit offenem o)	nach
nochmol, nochemol (beide o offen)	nochmal
noh (mit offenem o)	nahe
Noh (Fluß, mit offenem o)	Nahe (Fluß)
Nut	Not
Obel	Opel
och (K) (kurzes offenes o)	auch, ebenso, genauso
off (mit geschlossenem o)	auf (auch als Vorsilbe)
offdotze (beide o geschlossen)	aufschlagen (auf den Boden)
offem	auf dem
offgeforrert	aufgefordert
offgewas	aufgewachsen

offhewe (mit geschlossenem o)	aufheben
Offlaach (mit geschlossenem o)	Auflage
offraffe, offreffe (mit geschlossenem o)	aufheben
offraume (mit geschlossenem o)	aufräumen
offresche (mit geschlossenem o)	aufregen
offseschreiwe	aufzuschreiben
Offzuch (mit geschlossenem o)	Aufzug
on (mit geschlossenem o)	und, Was gibt´s Neues?, Wie geht´s?
Beispiel: On Bernd?	**Beispiel:** Was gibt´s Neues, Bernd?
on zipp on zapp	und so weiter, und dies und das
onnadierlich	unnatürlich
onne (mit geschlossenem o)	unten
onner	unter
Onnerschidd (K)	Unterschied, Unterschiede
onnerschiddlich (K)	unterschiedlich
onnisch	unter
ooch (K) (langes offenes o)	auch, ebenso, genauso

orrer	oder
Palz	Pfalz
pälzisch	pfälzisch
petsche	kneifen, zwicken
piddele **Beispiel:** Kannsde mol der Knode offpiddele?	schwierige Feinarbeit **Beispiel:** Kannst du mal den Knoten lösen?
Platt	Platt, Dialekt
Pretzeler	unruhiger Mensch (z.B. kommt zu Besuch und geht gleich wieder; setzt sich hin und steht gleich wieder auf)
privade	private
Quant	pfiffiger kleiner Junge
raache	rauchen
Radfahrer ("nach unten treten, nach oben buckeln")	Schleimer
raffe	aufsammeln (Obst etc.)
raische	reichen
ratze	aufschaben (die Haut)
raume	räumen
reffe	aufsammeln (Obst etc.)
Regele	Regeln
reiwe	reiben
rem	rum

remdrähe	wenden, rumdrehen
remgeschwätzt	rumgesprochen
ren	rein (örtlich; nicht im Sinne von sauber), hinein, herein
renne	laufen, rennen, (Körperteil) anstoßen
Beispiel: Ich hon mir dä Kopp gerannt.	**Beispiel:** Ich habe mir den Kopf gestoßen.
rentran	reintragen
Reybat mache **Beispiel:** Do hosde en Reybat gemach.	gutes Geschäft machen **Beispiel:** Da hast du ein gutes Geschäft gemacht.
richdisch	richtig
ric	roh
rissele	schütteln
riwwer	rüber
rofe (K, mit geschlossenem o)	rufen
roff (mit geschlossenem o)	rauf
roffer (mit geschlossenem o)	rauf
roisch	ruhig
rollse (mit geschlossenem o)	bolzen
rond (mit geschlossenem o)	rund
ronner	hinunter, runter
rufe (E)	rufen
saan	sagen

saarlännisch	saarländisch
Sache	Sachen
sälwer	selber, selbst
säsde **Beispiel:** Säsde dämm en Schiene Gruß	sagst du **Beispiel:** Sag ihm einen Schönen Gruß.
sät	sagt
sauwer	sauber
schabbisch	nicht gut, verdorben, schlecht
Beispiele: Dat es schabbisch, dat kannst de nimie esse. Mir giet et schabbisch. Die Schoh sehn schabbisch aus.	**Beispiele:** Das ist verdorben, das kannst du nicht mehr essen. Mir geht es nicht gut. Die Schuhe sehen abgewetzt aus.
Schadde	Schatten
schaffe **Beispiel:** On wat schafft da?	arbeiten, gerade tun **Beispiel:** Und was macht ihr gerade?
schame	schämen
Schaude(s)	Spaßvogel, Angeber
schebbele **Beispiel:** Schebbel ma mol dä Ball heyriwwer.	rollen **Beispiel:** Roll mir mal den Ball herüber.
schegge	schicken
schenge	schenken

schenne **Beispiel:** Ich hon geschandt.	schimpfen **Beispiel:** Ich habe geschimpft.
Schess	Schiss
Schesser (im HP immer mit Artikel)	Angsthase („Schisser“), Durchfall
schien **Beispiel:** Dat wor net schien.	schön **Beispiel:** Das war nicht schön.
schienstien	gutstehen (mit jemandem gut auskommen)
schleggere	schütteln, wackeln
Schlerre Schlittche	Rodelschlitten
Schliwwer	Splitter
schlofe (mit offenem o)	schlafen
Schmorre	länglicher Fleck, Kratzer oder Schramme
Beispiel: Ich hon en Schmorre an der Hand, weyl ich mich gester am Schrauwezeher geratzt hon.	**Beispiel:** Ich habe einen Kratzer an der Hand, weil ich gestern mit dem Schraubenzieher abgerutscht bin.
schneische	schneien
Schnie	Schnee
Schnurstracks, droff zo	geradeaus, gerade, darauf zu
schoggele	wackeln

schoggelisch **Beispiel:** Ich sen ganz schien schoggelisch wur.	wacklig **Beispiel:** Ich bin nicht mehr so sicher auf den Beinen.
schonn (mit geschlossenem o)	schon
Schoster	Schuster
Schrauf	Schraube
Schrauwe	Schrauben
Schrauwezeher (K)	Schraubenzieher
Schrauwezieer (E)	Schraubenzieher
schreift	schreibt
schreiwe	schreiben
schroh (mit offenem o)	unschön, schlechtes Wetter
Schul	Schule
schwade	angeben, aufschneiden
Schwadlabbe	Angeber
schwätze (selten: räre (K), reere (E)) **Redewendung:** Schwätz käne Kappes.	reden, sprechen, schwätzen, schwatzen **Redewendung:** Rede keinen Unsinn.
schwätzt	redet
schweel (K)	schwül
schwemme	schwimmen
schwiel (E)	schwül
Schwierigkeide	Schwierigkeiten

se **Beispiele:** se iwwersehn, se saan	zu (als Partikel) **Beispiele:** zu übersehen, zu sagen
Selwer	Silber
sen	sein, bin, sind
sesamme	zusammen
sesammeraffe, sesammereffe	zusammenräumen
sey	sei
Seyd	Seite
Seyde	Seiten
Seydt	Seite
Seyt	Seite
sich renne **Beispiel:** Ich homma dä Kopp gerannt.	sich stoßen **Beispiel:** Ich habe mir den Kopf gestoßen.
Siduation	Situation
simmeliere	sich mit den Gedanken im Kreis drehen, Sorgen machen, vertieft nachdenken, grübeln
soll (mit geschlossenem o)	soll (mit offenem o)
sollde	sollten
solle (mit geschlossenem o)	sollen
sollt (mit geschlossenem o)	sollte(t)
Sonn	Sonne

Sorch	Sorge
Sorje	Sorgen
sos (mit geschlossenem o)	sonst
späder	später
Speis	Mörtel
Spetz	Spitze
spiere	spüren
Sproch (mit offenem o)	Sprache
sproche (mit offenem o)	sprechen
Sproche	Sprachen
Sprochegelierde	Sprachengelehrter
Sprochegrupp	Sprachengruppe
stärgere	stärkere
Steggelche	kurze Erzählung, Kurzgeschichte, Heftroman
steyf	steif
stien	stehen
stiere	stören
Strof (mit offenem o)	Strafe
Stroggelischkät	voreiliges Handeln (Region Idar-Oberstein)
Stroß (mit offenem o)	Straße
su	so
sugar	sogar

susesaan	sozusagen
suwat	sowas
suwiesu	sowieso
Tobes (mit offenem o), Tobat (mit offenem o)	ungeschickte/alberne Person, Tollpatsch
tobisch (mit offenem o), totschisch (mit offenem o)	ungeschickt, tollpatschig
Totsch (mit offenem o)	ungeschickte Person, Tollpatsch
tran	tragen
treef	trüb(e)
treiwe	treiben
Trempf	Trümpfe
trogge (mit geschlossenem o)	trocken
Trompf (mit geschlossenem o)	Trumpf
trotz (mit geschlossenem o)	trotz (mit offenem o)
trotzdämm	trotzdem
Unnerschied (E)	Unterschied, Unterschiede
unnerschiedlich (E)	unterschiedlich
us	uns
uwe (K), owe (E)	oben
verainzelt	vereinzelt
verännere	verändern

verännert	verändert
verästele	verästeln
verbessere	verbessern
verdrähder Witz	Dickkopf
verdresche **Beispiel:** Ich verdresche dich.	verprügeln **Beispiel:** Ich verprügele dich.
vereffentliche	veröffentlichen
Vergleych	Vergleich
verkleggere	erklären
Verlaach	Verlag
verlängere	verlägern
verlosse	verlassen
verlur	verloren
verreggt	verrückt
verschleggere	verschütten
verschrombelt	verdorrt, faltig
verschwonn	verschwunden
Versehn	Versehen
versoche	versuchen
versocht	versucht
verstan	verstanden
verstien	verstehen
verzehle **Beispiel:** Ich kann sos nix verzehle.	erzählen, berichten **Beispiel:** Ich kann sonst nichts Neues berichten.

verzoddele (mit geschlossenem o)	verlegen (im Sinne von verlieren)
vielleycht	vielleicht
vier	vor, vorn(e)
vier alle Dinge	vor allen Dingen
vierher	vorher
Vierschlach	Vorschlag
Vierschläch	Vorschläge
viersichtshalwer	vorsichtshalber
viertran	vortragen
Vierwerf	Vorwürfe
Vierwetz	neugierige Person
vierwetzisch	neugierig
Vierwetznas	neugierige Person
Vierworf	Vorwurf
Vierwurd	Vorwort
vill	viel
vill mie	viel mehr, viele mehr
villmie	vielmehr
vom (mit geschlossenem o)	vom (mit offenem o)
von (mit geschlossenem o)	von (mit offenem o)
von dämm **Beispiel:** von dämm dat Boch	dessen, deren **Beispiel:** dessen Buch, ihr Buch, sein Buch
Wääsch (langgezogenes ä)	Weg

Wääschsteier	Fähigkeit, die Richtung zu halten (insbesondere beim Gehen, meist beim Negieren verwendet)
Beispiele: Dä wor su besoff, dat ä nimie die Wääschsteier hat. Guck mol lo, wie schoggelisch die es, die hot die Wääschsteier net mie	**Beispiel:** Der war so betrunken, dass er nicht mehr die Richtung halten konnte. Schau mal, wie wacklig sie auf den Beinen ist, sie kann die Richtung nicht mehr halten.
wäe (stummes e)	wegen
waggele **Beispiel:** Dat Bett waggelt.	wackeln **Beispiel:** Das Bett wackelt.
waggelisch	wacklig
wairem (E)	weitem
wairer (E) **Beispiel:** alles wairer	weiter **Beispiel:** immer weiter bzw. als Kommando beim Einparken: Fahr weiter, du hast noch genügend Platz.
wär	wäre
warde	warten
Wärer	Wetter
wat	wie bitte
weggele (K)	wickeln
weggeschutt	weggeschüttet
well	will

wemma	wenn man
Wenderhutsch	kälteempfindliche Person
wenne	wenden
wenzele	rollen, wenden, Purzelbäume schlagen
were	werden
weren	werden
werrer	wieder
wesse	wissen
weyl	weil
weyrem (K)	weitem
weyrer (K)	siehe wairer
weyt	weit
wichdisch	wichtig
wichdischer	wichtiger
wiggele (E)	wickeln
wie	als (zeitlich und vergleichend), wie
wierd	wird (von werden)
Wierder	Wörter
Wierderboch	Wörterbuch
wiesu	wieso
wievill	wieviel
winnisch	wenig
wollde (mit geschlossenem o)	wollten

wolle (mit geschlossenem o)	wollen
Wollwert	Woolworth (ehemalige Kaufhauskette)
wor **Beispiel:** Wor haut Renne?	war, wahr **Beispiel:** Hat heute ein Formel-1-Rennen stattgefunden?
Word (E) (etwas langgezogen, mit angedeutetem „a" nach dem o)	Wort
wosst (mit geschlossenem o)	wusste
wu	wo
wur sen	geworden sein
Wurd (K)(etwas langgezogen, mit angedeutetem „a" nach dem u)	Wort
Wurdlist	Wortliste
wure	worden
Wut hon (mit offenem o)	wütend (das Wort wütend gibt es im HP nicht)
zehe	ziehen
zei	zeig
Zeich (E)	Zeug, Zeugs
zeidisch	zeitig
Zeidung	Zeitung
zeie	zeigen

zele	zählen
zemenest, zemendest	zumindest
zenge	zanken, streiten, necken
zerrere	zittern
Zeych (K)	Zeug, Zeugs
zimmlich	ziemlich
Zisch	Züge
zo	zu (im Sinne von "geschlossen" oder "gehören zu")
zodegge **Beispiel:** Et es kalt, do dich fest zodegge.	zudecken **Beispiel:** Es ist kalt, deck dich gut zu.
zoem	zu ihm, zu ihr
zofällisch	zufällig
zom	zum
zreck	zurück
zregg	zurück
zreggedrängt	zurückgedrängt
Zuch	Zug
zwerrisch	ungeschickt
Zwerrischsack	Mensch, der nichts auf die Reihe bekommt
zwesche	zwischen
zwinge	zwingen

3.2 Hochdeutsch – Honsregger Platt

Tipp: Bei vielen Wörtern finden Sie Beispiele im Kapitel Honsregger Platt – Hochdeutsch. Das Kapitel ist zusätzlich in verschiedene Sachgebiete gegliedert.

0,33l-Bierflasche	Stubbi
abdecken **aber:** abgedeckt	abdegge **aber:** abgedeckt
Abend	Omend (mit offenem o)
abends	omens (mit offenem o)
aber	auer
abgemagerte Person	Häffelche
abgespielt	abgespillt
abkneifen	abpetsche
abnehmen, abholen	abholle (mit geschlossenem o)
Abstellkammer	Spend, Spendche
albern	eifelisch, flabbisch, gäggisch
alberne Person	Tobes (mit offenem o), Tobat (mit offenem o)
alle	allegar, all
alle zusammen	allegar
alleine	allän
als (zeitlich und vergleichend)	wie, als
also	alsu

Ameisen	Ometzele
an	aan (K und E)
andere (Mehrzahl)	annere
andere (der, die, das)	anner
anders	annascht, anichda
Anfang	Aanfang
angeben	schwade
Angeber	Schwadlabbe, Schaude(s), Flimmermeyssche (Niederkirchspiel), Dollbuhrer (mit geschlossenem o), Husaicher
angebracht	aangebraacht
angefangen	aangefang
Angst	Ängst
Angsthase („Schisser“)	Schesser (im HP immer mit Artikel)
anhören	aanhiere
anschauen	aangugge
anschnautzend	batzisch
anstoßen (Körperteil)	renne
anstrengend	aanstrengend
antworten	andworde
anziehen	aandoon
Apfel	Abbel

Äpfel	Äbbel
Apfel (entkernt, mit Brotteig ummantelt und so gebacken)	Abbelebomm (mit geschlossenem o)
Apfelkompott	Äbbelschmier
Apparat	Abbarat
appellieren	fladdiere
Arbeit	Arwet (K), Awet (E)
arbeiten (gerade tun)	schaffe
Arbeiten verrichten (kleinere)	menge
Arbeitsjacke aus Leinen	Keeres
arg	arisch, arsch
Ärger	Ärjer
Armvoll	Arwel
Arzt	Dogder
auch	och (K) (kurzes offenes o), ooch (K) (langes offenes o), aach (E)
auf (auch als Vorsilbe)	off (mit geschlossenem o)
auf dem	offem
aufgefordert	offgeforrert
aufgewachsen	offgewas
aufheben	offhewe, offraffe, offreffe (alle mit geschlossenem o)

Auflage	Offlaach (mit geschlossenem o)
aufräumen	offraume (mit geschlossenem o)
aufregen	offresche (mit geschlossenem o)
aufsammeln (Obst etc.)	raffe, reffe
aufschaben (die Haut)	ratze
aufschlagen (auf den Boden)	offdotze (beide o geschlossen)
aufschneiden (im Sinne von angeben)	schwade
Aufzug	Offzuch (mit geschlossenem o)
aufzuschreiben	offseschreiwe
Auge	Au (K), Aaf (E)
Augen	Aue (K), Aawe (E)
Ausdrücke	Ausdregg
auseinander	ausenanner
ausführlich	ausfiehrlich
Ausgießer an Kaffeekanne	Zutt
ausschütteln	ausrissele, ausschleggere
Aussprache	Aussproch
außen	auße
außerdem	außerdämm

Auswanderer	Auswannerer
Auto	Audo (mit geschlossenem o), Audu
automatisch	audumadisch
Automechaniker	Audoschlosser, Auduschlosser
Autoscooter	Bumsaudu
Baby	Kendche
Bach, der	Bach, dä/die
backen	bagge
Bäckerei, Bäcker	Begger
baden	bare
Badewanne	Badebitt, Badewann
Bagage	Bagasch
bald, hurtig	hoddisch (mit offenem o)
Balken, der über Heuwagen gelegt und über einen Knebel nach unten gedrückt wird, um das Heu zusammenzuhalten, damit es beim Transport nicht hinunterfällt	Wissbaam
Bank (Kreditinstitut)	Kass
Baum	Baam
bedanken	bedange
beeilen	dommele

befassen	befasse
befeuern (Ofen)	stoche (mit offenem o)
Behältnis aus Rinderhorn, am Gürtel zu befestigen, wird mit Wasser und einem Schleifstein gefüllt, um die Sense bei Mäharbeiten nachschleifen zu können	Schloorerfass
Behältnis zum Abmessen von Getreide (rund, offen, aus Holz mit Metallringen, mit Griffen, fasst 1/3 Zentner)	Semmer
behaupten	behaupte
behilflicher Mensch	gorer (mit geschlossenem o) Schlabbes
bei	bey
bei allen	bey all
beim	beym
Bein	Beyn (K), Bain (E), Bän (E)
beinahe	beinah (E), beynoh (K)
Beine	Bän
Beispiel	Beispill
beispielsweise	beispillsweis
bekannt sein (mit jemandem)	kondant sen
Bekanntschaften	Bekanntschafde

bekommen	kreen
beleidigt	engeschnappt
benutzen	benotze
berechtigt	berechdischt
Bereich	Beraich
Berg	Berisch, Bersch
berücksichtigen	berecksichdige
Besen	Bäsem (K), Besem (E)
besondere	besonner (mit geschlossenem o)
besonderer	besonnerer
besonders	besonnasch
beständiges (schönes) Wetter	erdisch Wärer
bestimmt	bestemmt
beten	bäre
Bettdecke mit Füllung	Plümo (aus dem Französischen)
betteln	bärele
Beule	Dotze (mit geschlossenem o), Dutze
bevor	bevier
bewahren	bewahre
beweglich	bewächlich
Biene	Binn

Bier	Bier
bin	sen
binden	benne (K), binner (E)
Birne (Obst)	Bier
Birnen (Obst)	Biere
bisschen	bissche, bissje
Bissen	Muffel
Bissen, klein	Miffelche
bitte	bidde
Blatt	Blaat
Blätter, Laub	Bleerer
blättern	bleerere
blau	bloh (mit offenem o)
bleiben	bleiwe (E), bleywe (K)
Bleistift	Bleyferer
Blick	Bleck
Blödmann	Bless
Blümchen	Blemche
Blume	Bloom
Blumenvase	Bloomewaas
Boden	Borem
Bogen	Boe (mit offenem o)
Bohnen	Bune

bohren	buhre
Bohrer	Buhrer
bolzen	rollse (mit geschlossenem o)
Bonbon	Zuggerstänche (K), Zuggerstaynche (E), Zuggerstayn (E), Zuggerstayn (K), Gudsje
Bonbons	Zuggerstayncha (E), Zuggerstäncha (K), Zuggerstayn (E), Zuggerstän (K), Gudsja
böse	bies
Bottich zum Einlegen von Kohl (um daraus Sauerkraut zu machen)	Kappesstann
Brasilien	Brasilie
Braten	Brore (mit offenem o)
braten	brore (mit offenem o)
Bratwurst	Brotwurscht (mit offenem o)
Brett eines Ackerwagens, seitlich links bzw. rechts	Hurd
Brett eines Ackerwagens, seitlich vorderes bzw. hinteres	Koppbreed
Brief	Bref
Brille	Brell

Brillenetui	Brellschäd (K), Brelleschad (E)
bringen	bränge
Brombeeren	Brämele (K), Bramele (E)
Brot	Brut
Brotaufstrich, in der Pfanne gerührt und erhitzt Zutaten: Eier, Mehl, Salz, Speck (ähnlich Rührei)	Aierschmier
Brötchen	Brietche, Weck
Brotkruste	Kurscht
Brotscheibe	Brutsteck, Steck
Brücke	Breck
Bruder	Brorer (mit geschlossenem o) (K), Brurer (E)
Brüder	Brerer (K), Brierer (E)
Brühe	Bree
brüllen	brelle
brummende, dicke Fliege	Dick Meck
Brunnen	Bur
Buch	Boch (K, mit geschlossenem o), Buch (E)
Bücher	Beecher
bücken	begge
bügeln	biele

Bündelstag (27. Dezember, an dem bis zu Beginn des zwanzigsten Jahrhunderts Bedienstete ihr „Bündel“ packten und zu einer neuen Anstellung aufbrachen; heute traditionell ein Tag, an dem Wanderungen unternommen werden)	Bendelchesdaach
Burg	Borsch (K, mit offenem o), Burisch (E)
Bürgermeister	Scheffe
Busch	Pesch
Butter	Bodder (mit geschlossenem o)
Christkind	Krestkendche
Cousin	Cousän
Cousine	Cousin
da, dort	do, lo (beide mit offenem o)
dabei	dobey
Dachziegel	Laye
dafür	dofier
dagegen	dogen (mit offenem o)
dahin	dohin (mit offenem o)
damit	damet, domet
danach	dono (beide o offen)

danke	dange, mersi (aus dem Französischen: merci)
dann, denn	dann
daran	dodran
darauf	dodroff
darin	dodren (mit offenem o)
darstellen	dostelle
darüber	dodriwwer (mit offenem o)
darum	dodrem (mit offenem o), dorem (mit offenem o)
das	dat, et
das Gleiche	datselwe
dass	dat
dasselbe	datselwe
Dauerwurscht	Dauerwurscht
davon	dovon (1. o offen, 2. o geschlossen)
dazu	dozo
Decke	Degg
dem hier	heydämm, dämmhey
dem, ihm, ihr	dämm
den	dä, denn
den (Mehrzahl), denen	denne
denken	denge

der (als Genitiv oder Dativ)	der
der (als Nominativ), den	dä
der dort	dä lo
deren, dessen	von dämm
deswegen	deswäe
deutsche	deitsche
Deutschland	Deitschland
Dialekt	Platt
Dicke Bohnen	Seybune, Digge Bune
Dickkopf	Knelles (K), verdrähder Witz
dienen	dene
Dienstag	Densdaach (K), Deesdaach (E)
diesem, diesem hier	dämmhey, heydämm
dieser hier, diesen hier	dähey
dieses hier, dieses	dathey, heydat
Ding, Dinge	Ding
Dingen	Dinge
dir	da (mit kurzem a), dir
damals	domols (beide o offen), dumols
Donnerstag	Donnersdaach (mit geschlossenem o)

Dorf	Dorf, Doref (mit offenem o)
Dörfer	Därfer
drauf	droff (mit geschlossenem o)
draußen	jaus
dreckig	dreggisch
Dreckwasser	Suddelbree
drehen	drähe
Dreschflegel	Dreschfläel
drin, enthalten	dren
dritte	dredde
drittens	dreddens
drücken	dregge
drunter	dronner
du	dau, de ("dau" eher in der persönlichen Anrede, sonst eher "de")
Dummkopf	Bless
Dünger	Dinger
dunkel, finster	dungel
dünne Brühe (auch: dünner Kaffee)	Suddelbree
durch	dorch (K), durich
durchaus	kann schonn sen
Durcheinander	Dorchenanner, Zores (beide mit offenem o)

Durchfall	Schesser (im HP immer mit Artikel)
eben(drum)	äwe, halt
ebenso	siehe auch
Eckregal	Eckdillche
Ei	Ai
Eimer	Ämer (K), Amer (E)
ein, eine, eines (in Bezug auf weibliche und neutrale Substantive)	än (K), aan (E)
ein (in Bezug auf männliche Substantive), einen	äne (K), aane (E)
ein, eine, einer, eines	en
ein Uhr (Uhrzeit)	Än
einander	enanner
eine	än
einem	änem (K), aanem (E)
einen	en
einer	äner (K), aaner (E)
einfach	ainfach
Einfluss	Enfluss
Einflüsse	Enfless
einig	änisch
einkaufen	kafe

Einkochapparat	Enkochabbarat (K), Abbaratskrobbe (E)
Einleitung	Enleidung
einmal	emol
eins	eind
einweichen	enweische
Einwohner des Hunsrück	Honsregger
einzig	ainzisch
Eisenbahn	Eisebahn
Eisenbahnzug, klein	Bimmel(bahn)
elf	ällef
Elster	Atzel
Eltern	Ellere
Ende	Änn
Endstück vom Brot	Schäbbel, Schäbbelche
Enkel	Ängel (K), Enngel (E)
entdecken	endtdegge
entwickelt	entweggelt
er	ä
Erbse, Erbsen	Erwes
Erdbeere	Erbel
Erdbeeren	Erbele
Erfinder	Erfenner

Erhebung (kleine geographische)	Hiwwel, Hubbel
Erkältung	Dalles
erklären	verkleggere
ermorden	embränge
Ersatzkaffee aus geröstetem Korn	Muggefuck
erst, erste (weiblich), zuerst	ierscht
erste (männlich und neutral)	ierschde
ersten	ierschde
erstens	ierschdens
erzählen, berichten	verzehle
es	et, it (zur Betonung)
essen	esse
etwas	wat, ebbes
etwas Kleines (oft auch kleine (ältere) Frau)	(klän) Hozzel (mit geschlossenem o)
euch	uch
Eule	Eil
eurer	aurer
fahren	fahre
faltig	verschrombelt
Farbe	Faref
Farben	Farwe

farbig	bondig (mit geschlossenem o)
Faxen	Fissemadentcha, Fissemadende
Feder	Ferer
fehlen	fähle
fehlt	fählt
Feldsalat (Mausohren)	Mausur
Fenster	Fister (f/n)
Fernsehen	Fernsehn
Fernseher	Fernseher
fertig	ferdisch
festhalten	festhalle
festzuhalten	festsehalle
Feuer	Fauer
Feuerchen, kleines Feuer	Feyerche
finden	fenne
Fingerkuppenhautriss infolge körperlichen Arbeitens	Bascht
fix und fertig	malad (aus dem Französischen: malade)
Flasche	Flasch
Flegel (Arbeitsgerät und Schimpfwort)	Fläel

Fleisch	Flaisch
Fleischwurst	Flaischwurscht
Flicken	Plaage
Fliege	Meck
fliegen	flehe
flott	flodd (mit geschlossenem o)
flüstern	pespere
fort	fodd (mit offenem o)
Frack	Giest de henner mich (wörtlich übersetzt: gehst du hinter mich)
Frage	Fro (mit offenem o)
fragen	froe (mit offenem o)
Frankfurter Rippchen	Kalt Reppche
Frau	Fra, Framensch
Frau, alt	Grußmedderche
Frau, hinterhältig	Schinnozt, Ozt
Frauen	Frae, Fraleit (E), Fraleyt (K), Weiwer (E), Weywer (K)
freien (um eine Frau werben)	freie (E), freye (K)
Freitag	Freidaach
fremd	frem
Fremder	Fremer
Freundschaft	Freindschaft

Freundschaften	Freindschafde
Friedhof	Kärwisch (K), Kirchhof (E)
froh	fruh
früh	free (K), frie (E)
früher	freer (K), frier (E)
Frühjahr, Frühling	Frehjohr
fühlen	fehle (K), fiele (E)
Füllung einer leinenüberzogenen Matratze aus Haferähren	Kafezeesch
fummeln (im Sinne von: etwas zurecht fummeln)	fuddele
fünf	fönnef
fünfte	fönnefde
fünftens	fönnefdens
fünfzehn	fuffzehn
fünfzig	fuffzisch
für	fier
fürchten	graile (E), greyle (K)
fürchterlich	mäggerlich
fürsorglicher Mensch	gorer (mit geschlossenem o) Schlabbes
Fuß	Foß
Fußbänkchen	Schabellche
Füße	Feeß

Gabel	Gawel
Gänseblümchen	Mierzblemcha
Gänsehaut (Frösteln)	Henerhaut
Ganze	Ganse
Garten	Gaade
Gärten	Gärde
Gartenfräse	Hakorettche (Hakorette = Markenname)
Gebäckkugeln, klein (ähnlich kleiner Berliner ohne Marmelade; traditionell zwischen Weihnachten und Silvester)	Stretz (K), Grubbele (E)
Gebäckstück, süß	Deilche
geben	gäwe(n), gäffe(n) (beide K), geewe (E)
Gebet	Gebät (K), Gebeet (E)
geblieben	bliwwe
gebracht	braacht
gedacht	gedaacht
gedünstete Kartoffeln	Gedämpde
gefragt	gefrot
Gefühl	Gefehl (K), Gefiel (E)
geführt	gefiert
Gefummel	Gefuddel

gefunden	gefon, fon (mit geschlossenem o)
gefürchtet	gegrault
gegangen	gang
gegeben	gän
gegen	gen
Gegend	Geend, Geschend
gegenüber	geniwwer
gegessen	gäss
geh	gie
gehen	gien
geholfen	geholef
gehören	gehiere, hiere
gehört	gehiert
gehst	giest
geht	giet
geizig	gaizisch (E), geyzisch (K), karischt, kniggisch
Gekritzel	Gekretzel
gelb	gäl (K), geel (E)
Geldeintreiber	Hussje (aus dem Französischen: huissier)
gelebt	geläft
gelegt	gelaacht

Gelenkkapsel des Ellenbogens, die beim Anstoßen mit folgenden Schmerzen so bezeichnet wird.	Doll Knebbche (mit geschlossenem o), Gäggisch Orer (mit offenem o)
gelogen	gelo (K mit offenem o, E mit geschlossenem o)
gelten	gille
genannte	genannde
genauso	genausu, siehe auch: auch
genug	genooch (mit geschlossenem o)
gerade	grad
geradeaus, gerade, darauf zu	schnurstracks, droff zo
Gerichtsvollzieher	Hussje (aus dem Französischen: huissier)
gerne	gär
Gerste	Gerscht
Gerstenkorn	Hondsfurtz
Gerümpel	Gerembel
gesagt	gesaat
Geschenk der Patentante (des Patenonkels) zu Weihnachten, erfolgt bis zum 15. Geburtstag einschließlich (ursprünglich tatsächlich ein etwas größerer „Weck", also „Brötchen")	Godeweck (Paddeweck)

geschickt	gescheckt
geschrieben	geschriwwe
geschrumpft	verhozzelt (mit geschlosse-nem o)
Gesindel	Bagasch
gesondert	gesonnert (mit geschlosse-nem o)
gespürt	gespurt, gespiert
gestärkt und steif (meist in Bezug auf Kleidung)	storksisch
gestern	gester
gestritten	gestritt
Getreide	Frucht
Getreideernte, die	Ähr, dä
Gewitter	Gewerrer
gewöhnen	gewinne
gewohnt sein	gewinnt sen
geworden sein	wur sen
Gewürz	Gewierz
gibt	gift
gießen	geße
Gießkanne	Geß
glauben	gläwe (K), glawe (E)
gleich	gleych
gleiche, gleichen	gleyche

gleicht	gleycht
gleichzeitig	gleychzeidisch
Glück	Gleck
Glühlampe	Beern (K), Biern (E)
Gold	Gold (mit geschlossenem o)
Grab	Graf
Graf	Graf
Grammatik	Grammadik
grau	groh (mit offenem o)
Griff	Greff
Grimassen schneiden	Gesichter zehe
groß	gruß
Größe	Gries
größer, größere	grießer
großer Haufen	Hoppehaaf
großer Mann	Laakes
Großmutter	Grußmodder
Größte	Griest
grübeln	simmeliere
grün	green (K), grien (E)
Grund	Grond (mit geschlossenem o)
Gründe	Grenn (K), Grinn (E)
Gruppe von Menschen (abwertend)	Bagasch

Gülle	Pull
Güllegrube	Pullskaul
Gurke	Kommer (mit geschlossenem o)
Gürtel	Gierdel
gut	god (mit geschlossenem o)
gut zureden (etwas zu tun)	fladdiere
Gute Nacht	Genaacht
Guten Abend	Genomend
Guten Morgen	Gemo(r)je
Guten Tag	Guden Tach, Guden, Tach
gutes Geschäft machen	Reybat mache
gutgläubig	eifelisch
gutgläubiger Mensch	Eifalt
gutmütiger Mensch	gorer (mit geschlossenem o) Tobat
gutstehen (mit jemandem gut auskommen)	schienstien
Haar	Hoor
Haare	Hoor
Haarzopf	Fläächt
haben, habe	hon (mit offenem o)
habt ihr?	hodda?
Hafer	Hawer

Hagebutten	Aschkradselle
halb	halef
halben	halwe
halber (im Sinne von: der Vereinfachung halber)	halwer
halber (im Sinne von: halb)	halwe
Hälfte	Häleft
hallo	au (E)
Halskette	Krell
halten	halle
Hände	Hänn
Handschuhe	Hänsche (K), Hennsche (E)
Handvoll	Haffel (Mehrzahl: Häffel)
Handvoll, klein	Häffelche
Hang, klein	Remmel
Happen, klein	Muffel
Happen, sehr klein	Miffelche
Hase	Haas
hast	host (mit offenem o)
hat	hot (mit offenem o)
hat er	horrer
hätte	hät
Haufen	Hoppe

Haufen (auch im Sinne von viel)	Haaf
Haus	Hous
Häuschen	Haißche (E), Heyßche (K)
Hebamme	Amm
heben	hewe
hebt	heft (mit langem e)
herein	ren
Heftroman	Steggelche
Heidelbeeren	Wähle (K), Morbele (E)
Heiligenhäuschen	Helljeheysche
heim, nach Hause	haim (K), häm/ham (E)
heimlich	hälisch
Heimweh haben	elennere
heiß	hais
helfen	hellefe (mit geschlossenem e)
Hemd	Him
hergeleitet	hergeleit
Heu	Hai
Heu des zweiten Schnittes	Gromet, Grommet (beide mit geschlossenem o)
heute	haut, haud, haudt
heute Morgen	haut Morje

heutzutage	hautsedaach
hier	hey
hierdrüber	heydriwwer
hierhin	heyhin
hierüber	heyriwwer
Himbeeren	Emmbere
hinein	ren
hingeschrieben	hingeschriwwe
hinten	henne (K), hinne (E)
hinter	henner, hennich
hinterhältig	hennerpforzisch, hennerschtf(i)erascht
hinterher	henneno (mit offenem o), hennerher (K), hinnerher (E)
hinunter, runter	ronner
Hitze	Hetz
hoch	hu (K), huch (E)
hochdeutsch	hudeitsch
Hochdeutsche	Hudeitsche
Hochwasser	Huwasser
Hochzeit	Hucksend
Höhe, Anhöhe	Hie
holen	holle (mit geschlossenem o)

Holz	Holz (mit geschlossenem o)
hören	hiere
Hose	Bochs (mit geschlossenem o)
Hose, lang aber zu kurz (Hochwasser-Hose)	Huwasser Bochs (mit geschlossenem o)
Hosentasche	Reybat, Säggel
Huhn	Hohn (K, mit geschlossenem o), Huhn (E)
Huhn, fast ausgewachsen	Pell, Pellche
Hühner	Hener
Hund	Hond (mit geschlossenem o)
hundert	honnert (mit geschlossenem o)
Hunsrück	Honsreck (K), Honsrick (E) (beide mit geschlossenem o), Hondsbuckel
Hunsrückbahn	Bimmel(bahn)
hunsrücker	honsregger
Hunsrücker Platt/Dialekt	Honsregger Platt
Hütte	Hitt
ihm	em, imm
ihn	inn
Ihnen	Inne

ihr	em, imm
ihr (Plural)	dir, da (kurzes a, nur in Fragesätzen)
ihrem	irem (altenativ: seinem)
ihrem, ihrer, ihren	seinem
ihren, ihrer (Possessivpronomen bzw. besitzanzeigendes Fürwort)	irer (alternativ: seiner)
im	em
im allgemeinen	em allgemeine
immer	emmer
immer wieder (besonders in Bezug auf etwas als unnötig Erachtetes)	allegebott (mit offenem o)
in (Ort)	en
ineinander	enenanner
insbesondere	besonnasch
Insekt, spinnenartig mit schlankem Körper und langen Beinen	Hubäner
interessant	inderessant
interessieren	inderessiere
Internet	Indernet
irgendeine	irgendän
ist	es (mit geschlossenem e gesprochen, also nicht wie das DE "es")

ja	jo (mit offenem o)
Jacke, warm	Wammes
Jackettweste	Brustlabbe
Jahr, Jahre	Johr (mit geschlossenem o)
jäten (Unkraut)	kraure
Jauche	Pull
jede	jed
jemand	emes, äner (K), aaner (E)
jemandem	änem (K), aanem (E)
jemanden	äne (K), aane (E)
jemanden im Dorf besuchen gehen, um ein Schwätzchen zu halten	stroße (mit offenem o) gien, maje gien, spille gien
jetzt	awai(l/le) (E), allewai(l/le) (E), awey(l/le) (K), allewey(l/le) (K)
Johannisbeeren (schwarze, rote)	Gehanstrauwe (schwazze, rure)
jüngste	jingste
Kabel	Kawel
Kaffee	Kaffi
Kalender	Kalenner
kälteempfindliche Person	Wenderhutsch
kälter	käller
Kaninchen	Kaneinche

kann man	kamma
kann schon sein, vielleicht, durchaus	kann schonn sen
kannst du	kannsde
Kapelle, klein	Helljeheysche
kaputt	kabott (mit geschlossenem o)
Kapuze	Ulles
Karte	Kart
Kartoffel (wörtlich: krumme Birne)	Krommbier
Kartoffelkuchen (Hunsrücker Gericht)	Debbekooche
Kartoffelplätzchen	Krommbiere Plätzja, Krommbiere Kechelcha, Flibbesja (E), Krebelcha (E)
Kartoffelpuffer	siehe Kartoffelplätzchen
Kartoffelpüree	Stambes
Kassette	Kassett
kastrierter Eber	Barsch
Katholiken	Schwazzkäpp
Katze	Katz
kaufen	kafe
kaufst	keifst
kehren	kiere

Keileinsatz (Textil) zum Erweitern von Hosen oder Röcken	Spere
kein, keine, keines (in Bezug auf weibliche und neutrale Substantive), keine (Plural für alle Geschlechtsformen)	kä(n) (K), ka (E), kei (K und E)
kein, keinen, keiner (in Bezug auf männliche Substantive)	käne (K), kaane (E), keine (K und E)
keiner	käner (K), kaaner (E)
keines	keint
kennen	känne
Kerze	Kierz
Kette (kein Schmuck)	Kerem
Kind	Kend
Kinder	Kenner, Kennercha
Kinderwagen	Kennerschies
Kirche	Kärch (K), Kärich (K), Kirich (E)
Kirmes	Kärmes
Kirsche	Kiersch
Kissen	Kesse
klar	klor
klarer Schnaps	Klore (mit offenem o)
Klee	Klie

Kleid	Klaid
Kleidung, Kleider	Klärer (K), Klarer (E)
Kleidungshaufen, verknittert (im übertragenen Sinne, lässt sich nicht wörtlich übersetzen; wird verwendet, um auf nicht zusammengelegte, ungebügelte oder verknitterte Kleidung hinzuweisen)	Sonndaachskest
Kleidungsstück verkehrt herum tragen	hennerschtf(i)erascht
klein	klän
kleinem Kind beim Toilettengang behilflich sein	abhalle
Kleinkind	Kendche
Klöße	Kließ
Klystier	Klistiersche
knallrot	retzerut
kneifen	petsche
Kneipe	Wirtschaft
Knie	Knee (K), Knie (E)
Knopf	Knopp
Knöpfe	Knäpp
Knoten	Knode (mit geschlossenem o)
knöpfen	knebbe

kommt	kemmt
komplett geöffnet (Tor oder anderes)	hennerwerra off
Kompost	Mest
König	Könisch
können	kenne (K) (mit geschlossenem e), konne (E)
könnte	kennt
konnten	konde (mit geschlossenem o)
Kopf	Kopp (mit offenem o)
Kopf (abfällig)	Schwelles, Delles, Dätz, Wirsching
Köpfe	Käpp
Kopfgeschirr für Arbeitskuh	Kobbelkeremche
Kopfkissen	Kobbekesse, Koppkesse (beide mit offenem o)
Korb	Korf, Koref
Korn	Kor (mit offenem o)
kostümierter Mensch	Bogat (mit offenem o)
Kram	Krom (K mit geschlossenem o, E mit offenem o)
kränklich	nählich
Kratzer	Schmorre
kreischen	kraische

Kreuz	Kreyz
Kreuzhacke	Hawill
kriegen	kreen
kritzeln	kretzele
Krümel	Kremel
krümeln	kremele
krümeln (bei Tisch)	suddele
krummes/leicht gebogenes Beil (z.B. zum Abschlagen von dünnen Ästen)	Häb
Küche	Kisch
Kuchen	Kooche
Kuchen mit Kuchenboden	Beremche
Kuchenboden	Beremche
Küchenmesser, klein	Kischepidder(sche)
Kuh	Koo (K), Kuh (E)
Küken	Hingel, Hingelche
kündigen	kennische (K), kinnische (E)
kurz	korz (mit offenem o)
kurze Erzählung	Steggelche
kürzer	kierzer
Kurzgeschichte	Steggelche
Laden	Lare
Lampe	Lamp

Länder	Länner
lang, lange	lang
länglicher Fleck	Schmorre
Lappen	Labbe
lass	loss
lassen	losse (mit offenem o)
Laub	Laaf
laufen	renne
laufen	lafe
lauschen	laustere
Läuse	Leys
lauwarm (wörtlich: mundgerecht warm)	maulmoß (mit offenem o)
leben	läwe
Leben	Läwe
Lebensmittel	Wat se esse
ledig	losslerisch (mit geschlossenem o)
leer (im Sinne von „gerade leer geworden“)	lärisch
legen	läe
Lehre	Lihr
leichtgläubiger Mensch	gorer (mit geschlossenem o) Tobat
leisten	leisde

Leiter	Laider (K), Läider (E)
Leitungswasser	Kranewasser
lernen	liere
lesen	läse
Lesen	Läse
letzten	letzte
Leute	Leit (E), Leyt (K)
lieb, liebe	lev
liebe (Mehrzahl)	lewe
lieber	lewer
liegen	leie (E), leye (K)
liegt	leit
Limo und Cola gemixt	Kalde Kaffi
Linden	Lenne
Linie	Linnisch
Linkshänder (abwertend)	Linkstotsch (mit offenem o)
Linse	Lens
Linsensuppe	Lensesopp
Löffel	Läffel
Löwenzahn	Aierpesche (K), Aierputsch (E)
lügen	lehe (K), lihe (E)
Lügner	Liener
Lümmel	Lausert

machen	mache
machst	michst
macht	micht
mag	maach
Magen-Darm-Erkrankung	Bloh (mit offenem o)
Mai	Maj (außer März und Mai entsprechen die Monatsnamen des HP denen des DE)
mal	mo, mol (beide mit offenem o)
malen	mole (mit offenem o)
Maler (Beruf)	Aanstreicher
man	ma
Marienkäfer	Herrgottsdierche
manchmal	manchmo(l), manichmol
Mantel	Mandel
Markt	Maat
März	Mierz
matschen	knatschele
Mäuler	Meyler
Maulwurf	Molder (mit geschlossenem o)
Maus	Maus (K), Mous (E)
Mäuse	Mais (E), Meys (K)

Mechanik zum Radabbremsen	Mechannik
Mehl	Mähl
Mehlklöße	Mählkließ
mehr	mie
melden **Beispiel:** Ich melle mich.	melle **Beispiel:** Ich melde mich.
mein	mei, meine
meine	mei, mein
meinen (im Sinne von glauben/denken)	mäne (K), mane (E)
meiste	meisde
meistens	meisdens
Mensch, der nichts auf die Reihe bekommt	Zwerrischsack
Mensch, überheblich, verdreht	Dollbuhrer (mit geschlossenem o)
Mensch, zu gut	gorer (mit geschlossenem o) Tobat
merken	merge
Messbecher, größere Tasse	Schäbbel
Milch	Melisch
Militär	Barras
Milliarde	Milliard
mindestens	menestens

mir	ma
Mist	Mest
mit	met
mitbekommen	metkreet
miteinander	metenanner
mitgekriegt	metkreet
mitnehmen	metholle (mit geschlossenem o)
Mittag	Meddaach
mittags	meddaachs
Mittelfränkisch	Meddelfrängisch
mittendrin	meddedren
Mittwoch	Mettwoch (mit geschlossenem o)
mögen	mesche
möglich	mielisch
Möhre	Mur
Möhren	Mure
Monat	Monat (mit geschlossenem o)
Montag	Moondaach
montieren	fest mache
Morgen	Morje
morgens	morjens
Mörtel	Speis

Mosel	Mussel
Moselfränkisch	Musselfrängisch
Motorrad	Modorad
Motte	Flimmermeyssche
müde	meed (K), mied (E), malad (aus dem Französischen: malade)
Mühe	Mieh
Mühle	Mill
Mundharmonika	Mussikche
Musik	Mussik
muss	moß (mit geschlossenem o)
müssen	mese
müssten	meßte
Mutter	Modder
Mütter	Medder
nach	no (mit offenem o)
nach Hause	haim (K), häm/ham (E)
Nachbar	Nober (mit offenem o)
Nachbarin	Nobasch (mit offenem o)
Nachbarn	Nobasch (mit offenem o)
Nachmittag	Nommedaach (mit geschlossenem o)
aber: nach Mittag	**aber:** no (mit offenem o) Meddaach

nachmittags	nommedaachs (mit geschlossenem o)
Nachrichten	Noricht e (mit offenem o)
nachts	naachts
Nachttopf	Pisspott, Pissdeppche, Deppche
nackt	naggisch
Nadel	Nol (mit offenem o)
Nagel	Naal
nahe	nächst, noh (mit offenem o)
Nahe (Fluss)	Noh (Fluß, mit offenem o)
Nähe	Näh
näher, nähere	näer
naschen	schnause (K), schnuggele (E)
Nase	Nas
Natur	Nadur
natürlich	nadierlich
neben	näwe(r), näwisch
necken	zenge
nee (nein)? (Frageform zur Bestätigung)	genä?
nehmen	holle (mit geschlossenem o)
neidisch	nairisch (E), neyrisch (K), karischt

nein	na, nä
Nelke, klein	Fererriesche
nennen	nenne
neu	nai (E), ney (K)
neugierig	vierwetzisch
neugierige Person	Vierwetz, Vierwetznas
neun	nein (E), neyn (K)
nicht	net
nicht gut	schabbisch
nicht mehr	nimie
nichts	nix
Nichtsnutz	Nexnotz
nicken	negge (K), nigge (E)
nieder	nerrer
niedergeschrieben	hingeschriwwe
niemand	nemes
niemand	nemand
nieseln	fussele
niesen	neese (K), niese (E)
Nikolaus	Niggelos (mit offenem o)
nirgends	nirjens
nix	nix
nochmal	nochmol, nochemol (beide o offen)
Not	Nut

nötig	nierisch
Nudeln	Norle (mit offenem o), Nuddele
nun	nau
Nuss	Noss (mit geschlossenem o)
Nüsse	Ness
Obstkern	Knopp
oben	uwe (K), owe (E)
oder	orrer
oder? (zur Bestätigung in Frageform)	gell?, gelle?, genä?
Ofen	Owe
öffentlich	effentlich
öfter, öfters	efter
Ohr	Ur
Ohrenkriecher, (Gemeiner Ohrwurm)	Ureschlebber
Ohrenschmerzen	Urepein
ohrfeigen	dachele
Onkel	Ungel
Opel	Obel
Orangenlimonade	gäl Limo (K), geel Limo (E)
Ortsgemeinde	Geman (E), Gemän (K)
Ostern	Ustere

Pantoffeln	Bandoffele (mit geschlossenem o)
Papa	Babba
Papier	Babeyer
Pastor, Pfarrer	Pastur
Patenonkel	Padd
Patentante	God (mit geschlossenem o)
Person, ungeschickt	Dabbes, Tobes (mit offenem o), Tobat (mit offenem o), Totsch (mit offenem o)
Pfad	Paad
Pfad, klein	Pädche (K), Peedche (E)
Pfalz	Palz
pfälzisch	pälzisch
Pfanne	Pann
Pfannkuchen	Eierkooche
Pferd	Gaul
Pferde	Gail
pfiffiger kleiner Junge	Quant
Pflaumenmus	Quetscheschmier
pflücken	plegge
Pfütze	Pillche
pinkeln	pinkele, saiche, Bach mache
Pizza	Pizza

Pizzeria	Pizza
Platt	Platt
Plätzchen (Einzahl)	Plätzje
Plätzchen (Mehrzahl)	Plätzja
Playback singen	Meyler mache
Polterabend	Hillich
Popel (verklumptes Nasensekret)	Botzemann (mit offenem o)
Portemonnaie	Geldsäggelche
private	privade
Prolog	Enleidung
Protestanten	Blohkäpp (mit offenem o)
Pumpe	Pomp (mit geschlossenem o)
Purzelbäume schlagen	wenzele
putzen	botze (mit geschlossenem o)
Putzlappen	Botzlabbe (mit geschlossenem o)
Quark	Klatschkäs, Mengkäs
Rabe	Raaf
rauchen	raache
rauf	roff, roffer (mit geschlossenem o)
räumen	raume
Rechen	Reche

reden	schwätze (selten: räre (K), reere (E))
redet	schwätzt
Regal, klein und an der Wand hängend	Dillche
Regeln	Regele
Regen	Rän (E), Ren (K)
Regenbogen	Renboe (mit offenem o)
Regenrinne	Kännel (E), Kenel (K)
Reh	Rie
Reibe	Reif (E), Reyf (K)
Reibekuchen	siehe Kartoffelplätzchen
reiben	reiwe
reichen	raische
rein (örtlich; nicht im Sinne von sauber)	ren
reintragen	rentran
Reisigbesen	Reyserbäsem (K), Reyserbesem (E)
rennen	renne
Rhein	Reyn
richtig	richdisch
Richtung (Fähigkeit, die Richtung zu halten (insbesondere beim Gehen, meist beim Negieren verwendet))	Wääschsteier

riechen	reeche (K), rieche (E)
Rind	Rend
Rodelschlitten	Schlerre, Schlittche
Roggen	Kor (mit offenem o)
roh	rie
rollen	schebbele
rollen	wenzele
rot	rut
rote	rure
Rote Beete	Rutmure, Rure Mure
rüber	riwwer
Rücken	Regge
rufen	rofe (K mit geschlossenem o), rufe (E)
ruhig	roisch
rum	rem
rumgesprochen	remgeschwätzt
rund	rond (mit geschlossenem o)
Runkelrüben	Gretz bzw. Rommele (K), Rummele (E)
Runkelrübenzerhacker	Gretzmill
runter	ronner
saarländisch	saarlännisch
sabbern	selle

Sachen	Sache
Sack, klein	Säggelche
sagen	saan
sagst du	säsde
sagt	sät
Salami	Dauerwurscht
Samen	Some (K, mit geschlossenem o, E, mit offenem o)
Samen von Birken (auch andere kleine Teile)	Mibbesja
Samstag	Samsdaach
Sarg	Sarisch
sauber	sauwer
Säue	Sai (E), Sey (K), Wutze
sauer	souer
Sauerkraut	Sau(e)re Kappes
Sauerkraut und pürierte Erbsen (Hunsrücker Gericht)	Kappes on Erwes
Schaf(e)	Schof (mit offenem o)
schale Brühe	Suddelbree
schämen	schame
Schärfgerät für Sense	Dengelstock
Schatten	Schadde
schauen	gugge

Schaufel	Schepp
schenken	schenge
Scherbe	Scherwel
Scheune	Schauer
Scheunenboden	Schaueredenn
Scheunentor	Schauerepurt (K), Schauereport (E)
schicken	schegge
schieben	deie (E), deye (K)
schießen	scheße
schimpfen	schenne
Schippe	Schepp
Schiss	Schess
Schlabberlatz	Selläppche
Schlaf gut!	Schlof god!
schlafen	schlofe (mit offenem o)
Schlafzimmer	Schlofstoff (erstes o offen, zweites geschlossen), Schlofzemmer
schlecht	schabbisch
schlecht (im Sinne von kränklich/dünn/abgemagert) aussehen	nählich (drengugge)
schlecht gelaunt	kraggisch, knatschisch
Schleife	Schlopp (mit offenem o)

schleifen	schleyfe
Schleifstein	Wetzstain (K), Wetzstän (E)
Schleimer	Radfahrer ("nach unten treten, nach oben buckeln")
Schluckauf	Schlecks
Schlüssel	Schlessel
Schmalspurbahn	Bimmel(bahn)
schmecken	schmagge
schmeckt	schmackt
Schmerzen	Pein
schmutzig	dreggisch
Schnee	Schnie
schneiden	schneire
schneien	schneische
schnell	flodd (mit geschlossenem o)
Schnittlauch	Prissel
Schnuller	Lubbes
Schnurrbart	Schnorrbart, Schnorres
Schnürsenkel	Schohreme (K), Schohrieme (E)
Schokokuss	Murekopp
Schokolade	Schoggolad (beide o geschlossen)

schon	schonn (mit geschlossenem o)
schön	schien
Schornstein	Schurschde (K), Schorschde (E)
Schramme	Schmorre
Schraube	Schrauf
Schrauben	Schrauwe
Schraubenzieher	Schrauwezeher (K), Schrauwezieer (E)
Schrebergarten am Rand von Sabershausen	Halegarde
schreiben	schreiwe
schreibt	schreift
Schuh(e)	Schoh
Schule	Schul
Schulter	Scholler (mit geschlossenem o)
schummeln (beim Spiel)	faudele, fuddele
Schuppen	Schopp (mit offenem "o")
Schüssel	Schossel, Schessel
Schuster	Schoster
schütteln	rissele, schleggere
schwarz	schwazz
schwatzen	schwätze (siehe reden)

schwätzen	schwätze (siehe reden)
Schwein	Sau (K), Sou (E) od. Wutz
schwer/schnell atmen	foche (mit offenem o)
Schwiegereltern	Schwierleit
Schwiegermutter	Schwiermodder
Schwiegervater	Schwiervadder
schwierige Feinarbeit	piddele
Schwierigkeiten	Schwierigkeide
schwimmen	schwemme
schwitzen	schwetze
schwül	schweel (K), schwiel (E)
sechs	sechs (mit geschlossenem e)
sehr kleiner Happen	Miffelche
sehen	sehn (K), sihn (E)
sei	sey
sein	sen
seinem, seiner, seinen	seinem
Seite	Seyd, Seyt, Seydt
Seiten	Seyde
Sekunde	Sekund
selber, selbst	sälwer
Senf	Sennef
Sense	Seens

sich an etwas die Haut aufkratzen	fratze
sich in Kleinigkeiten verlieren	braddele
sich irren	ier sen
sich mit den Gedanken im Kreis drehen	simmeliere
sich stoßen	sich renne
Sicherung für Ackerwagen und Heuwagen (Stange zum Halten der Wagenwand, gleichzeitig als Splint für die Radachse dienend)	Lune
Sie (Anrede)	Se, Sey
sie	se, sey
Sieb	Siff
sieben	siwwe
Siebschüssel	Sai (E), Sey (K)
sieht	siet (E), sitt (K)
Sielscheid (Wagengeschirr)	Sillescheyd
Silber	Selwer
silbern	selwer
sind	sen
Situation	Siduation
so	su
so ist es eben	halt

Socke	Stromp
Socken	Stremp
sogar	sugar
Soldat	Soldad (mit geschlossenem o)
soll (mit offenem o)	soll (mit geschlossenem o)
sollen	solle (mit geschlossenem o)
sollten	sollde
sollte(t)	sollt (mit geschlossenem o)
Sonne	Sonn
Sonntag	Sonndaach (mit geschlossenem o)
sonst	sos (mit geschlossenem o)
Sorge	Sorch
Sorgen	Sorje
Sorgen machen	simmeliere
sowas	suwat
sowieso	suwiesu
sozusagen	susesaan
Spaßvogel	Schaude(s)
später	späder
Spezi	Kalde Kaffi
Spiegel	Spiel
Spiel	Spill

spielen	spille
Spielsachen	Spillsache
Spinne	Spenn
Spinnereien (gedankliche)	Fissemadentcha, Fissemadende
Spitze	Spetz
Splitter	Schliwwer
Sprache	Sproch (mit offenem o)
Sprachen	Sproche
Sprachengelehrter	Sprochegelierde
Sprachengruppe	Sprochegrupp
sprechen	sproche (mit offenem o), schwätze (siehe reden)
spucken	spautze, spugge
spüren	spiere
Stachelbeeren	Grinschele
Stampfer zur Herstellung von Kartoffelpüree	Stambessteeßa, Stambesstießer
Ständer	Stänner
stärkere	stärgere
Stechmücke	Stechmeck
stehen	stien
steif	steyf
Stein	Stayn
Steine	Stän (K), Stayn (E)

Stellmacher (Handwerker landwirtschaftlicher Holzgeräte)	Wäner
Stempel	Stembel
sterben	sterwe
Stift	Steft
stinken	stinge
Stirn	Stier
stören	stiere
stoßen (im Sinne von „gegen etwas stoßen“)	dotze (K, mit geschlossenem o), dutze (E)
Strafe	Strof (mit offenem o)
Straße	Stroß (mit offenem o)
Strauch	Pesch
Sträucher	Straicher
Streichholz	Fixfauer, Streychholz (mit geschlossenem o)
streiten	zenge
Streusel	Kremel
Streuselkuchen	Zimmeskooche, Streyselkooche
Strick	Streck
Stricknadel	Strecknol (mit offenem o)
Strumpf	Stromp
Strümpfe	Stremp

Strumpfhose	Stremp
Stubenfliege	Meck
Stück (allgemein)	Steck
Stuhl	Stohl (K), Stuhl (E)
Stuhlbein	Stembel
Stunde	Ston (mit geschlossenem o)
Sturkopf	Witz
Suppe	Sopp (mit geschlossenem o)
Suppenlöffel	Sobbeläffel
Suppenterrine	Sobbekomp (beide Male geschlossenes o)
süß	seß (K), sieß (E)
Süßigkeiten essen	schnause (K), schnuggele (E)
Tag	Daach
Tanne	Dann
Tante	Tant, Tande, Bas
Tasche	Tasch
Taschentuch	Sackdooch
Tasse	Tass
täte	dät
Taube	Dauf
tausend	dausend
Tausendschön (Blume)	Petschebloom

Teil	Deil
teilweise	deilweis
Teufel	Deywel (K), Daiwel (E)
tief	deef (K), dief (E)
Tier, Tiere	Dier
Tisch	Desch
Tischbein	Stembel
Titel	Iwwerschreft
Toilette	Abtritt (veraltet, heute: Klo)
Toilette	Klo
Tollpatsch	Bless, Dabbes, Tobes (mit offenem o), Tobat (mit offenem o), Totsch (mit offenem o)
tollpatschig	dabbisch, dabbesisch, tobisch (mit offenem o), totschisch (mit offenem o)
Topf	Debbe, Krobbe (mit offenem o, nur E)
tot	dud
Tote	Dure
töten	dud mache
Totenbahre	Durelaad
Totenzettel	Durezerel
tragen	tran

Traktor	Bulldogg
tratschend	botzisch (mit offenem o)
Traube	Trauf
Trauben	Trauwe
träumen	dräme (K), drame (E)
treiben	treiwe
Treppe	Trapp
trinken	drenge
trocken	trogge
trödeln	braddele
trödelnde Person	Braddeler
tropfen	trepse
Tropfen (Einzahl)	Treps, Drobbe
trotz (mit offenem o)	trotz (mit geschlossenem o)
trotzdem	trotzdämm
trotzig weinen	brelle
trüb(e)	treef
Trumpf	Trompf (mit geschlossenem o)
Trümpfe	Trempf
Tschüss	Tschö
tu	do (mit geschlossenem o)
Tuch	Dooch
tun	doon (mit geschlossenem langem o), mache

Tür	Dier
Türausgang aus Scheune nach hinten	Schauerepiertche
tut	det (mit betontem e)
Tüte	Tutt
über	iwwer
überall	iwwerall
überhaupt	iwwerhaupt
überlegen	iwwerläe
überlegt	iwwerlaacht
Überraschungsausruf (Maria und Josef, mein Gott)	Maju, Majusep
Überraschungsausruf (Maria und Josef nein, mein Gott nein)	Majuna, Majusepna, Majunä, Majusepnä
Überschrift, Titel	Iwwerschreft
Übersetzungsregeln	Iwwersetzungsregele
übertreiben	iwwertreiwe
übrig	iwwerisch
übrigens	iwrigens
Uhr	Aua
um	em
umbringen	embränge
umdrehen	remdrähe
umfangreich	emfangreich

umgekehrt	emgekiert
umzukehren	emsekiere
und so weiter, und dies und das	on zipp on zapp
und	on (mit geschlossenem o), On?
uneben	hubbelisch, hiwwelisch
ungeschickt	dabbisch, dabbesisch, tobisch (mit offenem o), totschisch (mit offenem o), zwerrisch
unleidlich	knatschisch
unnatürlich	onnadierlich
unruhiger Mensch (z.B. kommt zu Besuch und geht gleich wieder; setzt sich hin und steht gleich wieder auf)	Pretzeler
uns	us
unschön	schroh (mit offenem o)
unser	os, us
unsinnige Pläne	Ferz
unten	onne (mit geschlossenem o)
unter	onnisch
unter	onner
Unterhose	Onnerbochs (K), Unner-bochs (E)

Unterschied	Onnerschidd (K), Unnerschied (E)
Unterschiede	Onnerschidd (K), Unnerschied (E)
unterschiedlich	onnerschiddlich (K), unnerschiedlich (E)
unwirsch	botzisch (mit offenem o)
Vase	Waas
Vater	Vadder
verändern	verännere
verändert	verännert
verästeln	verästele
verbessern	verbessere
Verbindungsbalken zwischen Vorder- und Hinterachse eines Ackerwagens	Langfurd
verdorben	schabbisch
verdorrt	verhozzelt (mit geschlossenem o), verschrombelt
vereinzelt	verainzelt
Vergleich	Vergleych
verheiratet	verheirot (mit offenem o)
verknittert (Wäsche)	verkrombelt (mit geschlossenem o)
Verlag	Verlaach

verlängern	verlängere
verlassen	verlosse
verlegen (im Sinne von verlieren)	verzoddele (mit geschlossenem o)
verloren	verlur
veröffentlichen	vereffentliche
verprügeln	verdresche
verrückt	verreggt
verrückt nach etwas sein	gäggisch off ebbes sen
verschrumpelt	verhozzelt (mit geschlossenem o)
verschütten	verschleggere
verschütten (bei Tisch)	suddele
verschwunden	verschwonn
Versehen	Versehn
verstanden	verstan
verstehen	verstien
versuchen	versoche
versuchen zu überreden	fladdiere
versucht	versocht
vertieft nachdenken	simmeliere
verunsichern verwirren	ier mache, dorchenanner mache
verwirrt	ier

verwöhntes Kind	Panz (Mehrzahl: Pänz)
Vieh	Veh
viel	vill
viel mehr, viele mehr	vill mie
vielleicht	vielleycht, kann schonn sen
vielmehr	villmie
vierte	vierde
viertens	vierdens
vierzackige Gartenharke	Kaascht
Vogel	Vol (mit offenem o)
Vogelnest	Volsnest (mit offenem o)
Volk	Volek (mit geschlossenem o)
vom (mit offenem o)	vom (mit geschlossenem o)
von (mit offenem o)	von (mit geschlossenem o)
von Hand gezogener kleiner Karren	Kärrche
vor	vier
vor allen Dingen	vier alle Dinge
voreiliges Handeln (Region Idar-Oberstein)	Stroggelischkät
Vorhang	Vierhang
Vorhängeschloss	Klauster
Vorhängeschloss, klein	Klausterche

vorher	vierher
vorn(e)	vier
Vorschlag	Vierschlach
Vorschläge	Vierschläch
vorsichtshalber	viersichtshalwer
vortragen	viertran
Vorwort	Vierwurd
Vorwurf	Vierworf
Vorwürfe	Vierwerf
wackeln	schleggere, schoggele, waggele
wacklig	waggelisch, schoggelisch
Wagner (Handwerker landwirtschaftlicher Holzgeräte)	Wäner
wahr	wor
Wanne	Bitt, Wann
war	wor
wäre	wär
warten	warde
was	wat
Was gibt´s Neues?	On? (mit geschlossenem o),
Wäsche	Wäsch
Wäschekorb aus Weide	Mann
Wäschewanne	Wäschbitt

Waschgarnitur (früherer Begriff für Waschschüssel mit Kanne, dem Französischen entlehnt)	Waschlawur
Waschküche	Wäschkisch
Waschlappen	Wäschlabbe
Waschmaschine	Wäschmaschinn
Wasserhahn	Krane
Wasserweck (doppeltes (aneinander gebackenes) Brötchen)	Schässje
Weg	Wääsch (langgezogenes ä)
wegen	wäe (stummes e)
weggeschüttet	weggeschutt
Weiber	Frae, Fraleit (E), Fraleyt (K), Weiwer (E), Weywer (K)
weibliche Sau	Muck
Weide	Wäd
Weihnachten	Krestdaach, Weihnachte
weil	weyl
Wein	Weyn
weinen	kreysche
Weißkohl	Kappes
weit	weyt
weitem	weyrem (K), wairem (E)

weiter	weyrer (K), wairer (E)
Weizen	Waiz (K), Wäiz (E)
welche (als Indefinitpronomen)	na, nas
wenden	wenzele, wenne, remdrähe
wenig	winnisch
wenn man	wemma
werden	were, weren
werkeln	menge, bossele (mit offenem o)
Wespe	Wespel
Wetter	Wärer
Wetter, schlecht	schroh (mit offenem o)
wichtig	wichdisch
wichtiger	wichdischer
wickeln	weggele (K), wiggele (E)
wie bitte	wat
Wie geht´s?	On? (mit geschlossenem o),
wieder	werrer
Wiese	Wiss
wieso	wiesu
wieviel	wievill
wild	well (K), will (E)

Wildschwein	Wellwutz (K), Willwutz (E), Wellsau (K), Wellsou (E)
will	well
Wind	Wend
Wind um etwas machen.	Bohei mache. (mit geschlossenem o)
Winter	Wender
wir	ma, mir
wird (von werden)	wierd
Wirsing (Kohlsorte)	Wirsching
wissen	wesse
wo	wu
Woche	Woch (mit geschlossenem o)
Wohlfühlumgebung (Umgebung, in der man sich geborgen fühlt)	Gehaischnis
Wohnzimmer (gute Stube)	Stoh (E, mit geschlossenem o)), Stuff (K) (auch: god Stoh, god Stuff), Wohnzemmer
Wolf	Wolleff (mit geschlossenem o)
Wölfe	Welleff
Wolle	Woll (mit geschlossenem o)
wollen	wolle (mit geschlossenem o)

wollten	wollde (mit geschlossenem o)
Woolworth (ehemalige Kaufhauskette)	Wollwert
worden	wure
Wort	Wurd (K), Word (E) (Beides wird etwas langgezogen gesprochen, mit angedeutetem „a“ nach dem „u“ bzw. „o“)
Wörter	Wierder
Wörterbuch	Wierderboch
Wortliste	Wurdlist
Wow (Ausdruck des Erstaunens)	Boh (mit offenem o)
Wunderkerze	Sprauzelkierz
wunderschön	mäggerlich schien
würde	dät
würden	däde, däre
Wurst	Wurscht
Würze	Gewierz
Wurzel mit unteren Trieben einer Pflanze	Strunck
wusste	wosst (mit geschlossenem o)
wütend (das Wort wütend gibt es im HP nicht)	Wut hon (mit offenem o)

zählen	zele
Zahn	Zannt
Zähne	Zänn
zanken	zenge
Zehe	Zieh
zeig	zei
zeigen	zeie
Zeit	Zeyt
zeitig	zeidisch
Zeitung	Zeidung
Zettel	Zerel
Zeug	Zeych (K), Zeich (E), Krom (K mit geschlossenem o, E mit offenem o)
Zeugs	siehe Zeug
Zieharmonika	Quetsch
Zieharmonikamusik	Quetschemussik
ziehen	zehe
ziemlich	zimmlich
zierliche Person	Häffelche
Zimmer	Zemmer (K), Zimmer (E)
Zitronenlimonade	weiß Limo
zittern	zerrere
zu (als Partikel)	se

zu (als Präposition)	bai (E), bey (K)
zu (im Sinne von "geschlossen" oder "gehören zu")	zo
zu gut (Mensch)	eifelisch
zu Hause	dahäm (K), daham (E)
zu ihm	baien (E), beyen (K), zoem
zu ihnen	bai se (E), bey se (K)
zu ihr	bey et, baiet (E), beyet (K), zoem
Zucker	Zugger
zudecken	zodegge
zuerst	ierscht
zufällig	zofällisch
Zug	Zuch
Züge	Zisch
zuhören	laustere, zohiere
zum	zom
zumindest	zemenest, zemendest
zurück	zreck
zurück	zregg
zurückgedrängt	zreggedrängt
Zuruf "nach links" an Zugvieh (Pferd, Kuh)	Haar
Zuruf "nach rechts" an Zugvieh (Pferd, Kuh)	Hott, Hotz

zusammen	sesamme
zwei	zwo (mit geschlossenem o), zwai
zwei (betont)	zwien
zweite	zwaide, zwode
zweitens	zwaidens, zwodens
Zwetschgen, Pflaumen	Quetsche
zwicken	petsche
Zwiebel	Zwiwwel, Illich
zwingen	zwinge
zwischen	zwesche
zwölf	zwelef
zusammenräumen	sesammeraffe, sesammereffe

3.3 Wörter, die im Honsregger Platt und im Hochdeutschen gleich lauten

acht
ähnlich
Ähnlichkeit
allem
alles
allgemein
an
aus
badisch
beide
besser
Bett
Bild
bis
Bräter
dann
Definition
deshalb
die
doch
drei
egal
eigentlich
extra
Fahrrad
falsch
fast
Fluss
Frosch
ganz
Geld
Geschäft
hin
ich
je
jetzt
kann
komplett
länger
laufend
leicht
Mais
meiner
mich
mir
nämlich
nass
noch
nur
ob
ohne
paar
Probleme
Prozess
Radio
rausgerutscht
Regal
Resonanz
Sack
schließlich
Schluss
Schreiner
Schrift
schwäbisch
sei
seiner
sich
sicher
Sinn
Spatz
speziell
Tee
Telefon
Umgebung
Urlaub
vier
von
weg
weiß
wenn
wer
weshalb
wie
Wingert (**aber:** Im HP gebraucht man das Synonym Weinberg nicht.)
wird
zehn
Zoo

4 Eigennamen

4.1 Vornamen

Vornamen sind zum großen Teil im HP und DE identisch. Althergebrachte Namen haben eher eine vom DE abweichende Honsregger Übersetzung. Moderne, früher nicht im Hunsrück gebräuchliche Vornamen dagegen nie. Heutzutage sind die regionalen Unterschied in der Wahl der Vornamen für Neugeborene deutschlandweit gering, die beliebtesten Vornamen für Neugeborene im Hunsrück sind die gleichen wie im übrigen Deutschland. Früher waren dagegen Namen wie Inka oder Sven im Hunsrück kaum zu finden.

Beispiele:

dat Ammie	die Anna Maria
dat Madda	die Martha
dat Marianne	die Marianne
dat May	die Maria Anna
dat Ossola	die Ursula
dä Andun	der Anton
dä Bernnard	der Bernhard
dä Gerrard	der Gerhard
dä Hanjupp	der Hans-Josef, der Johann Josef
dat Jäbche	der Jakob (für Jüngere)
dä Jakob	dä Jäb

dä Jupp	der Josef
dä Michael, Michel, Micha	der Michael
dä Peder, Perer, Peere, Pidder	der Peter

4.2 Familiennamen

Für örtlich alteingesessene Familien werden im HP nicht die offiziellen, im Personalausweis eingetragenen Familiennamen benutzt, sondern althergebrachte, oft mehr als hundert Jahre alte Namen. Diese werden sowohl für die Bewohner eines bestimmten Wohnhauses als auch, gegebenenfalls in abgewandelter Form, für alle Familien gebraucht, deren Wurzeln in diesem Wohnhaus liegen. Meist haben sie nichts mit dem im Pass eingetragenen Familiennamen zu tun.

Die Herkunft dieser Namen kann mit dem Beruf oder Namen eines Vorfahren begründet sein, meist kann sie jedoch niemand mehr genau erklären. Häufig endet dieser althergebrachte Name mit „...asch“ oder „...tz“; der althergebrachte Name wird vor den Vornamen gestellt, so kann beispielsweise aus dem DE Namen „Herbert Bersch“ der HP Name „Lexepiddasch Herbert“ werden oder aus dem DE Namen „Maria Hammes“ der HP Name „Bennasch Marie“.

Auch in diesen realen Beispielen kann über die Herkunft der althergebrachten Namen nur spekuliert werden. Möglicherweise hieß eine einmal im Wohnhaus der „Lexepiddasch“ lebende Person Alexius, und einer dessen Nachfahren Peter, und so wurde dann irgendwann daraus Lexepiddasch, mit der die Familienmitglieder und Abkommen dieses Peters bezeichnet wurden. Aber, wie gesagt, das ist auch in diesem realen Beispiel alles Spekulation.

Beispiele für solche althergebrachten Namen:
Amme (Hebamme)
Andunne
Bäckasch (Bäcker)
Baue
Bennasch
Dräasch
Emdes
Gleckenersch (Glöckner)
Kisdasch (Küster)
Knellisse
Lauxe
Layeanduns
Lexe
Lexepiddasch
Liese
Schmidtches (Schmied)
Scholdese (Schultheiß/Bürgermeister)
Scholzehansams (Schultheiß/Bürgermeister)
Schrärasch (Schroter/Müller)
Schostersch (Schuster)
Wanasch (Wagner)
Wärnasch (Wagner)
Wiertz

In Klammern ist in den oben genannten Beispielen ggf. die Bezeichnung eines Berufs angegeben, von dem sich der althergebrachte Namen ableiten könnte.

Einige der offiziellen, im Personalausweis eingetragenen Familiennamen kommen im Hunsrück besonders häufig vor.

Beispiele:

Alt, Altenweg, Auler
Bach, Becker, Berg, Bernd, Bersch, Boos, Börsch, Braun, Busch
Christ, Christmann
Dorweiler
Eisenhauer, Emmel, Etzkorn
Fier
Gräf, Gras
Hammes, Hoffmann, Huhn
Karbach, Kasper, Klemann, Kneip, Krämer, Krautkrämer, Krautkremer
Lambert, Lang, Lauer, Liesenfeld, Link
Mallmann, Meurer, Muders
Nick
Ochs, Olbermann
Peifer, Pies, Pinger, Piroth, Platt, Pörsch
Retzmann, Rheingans
Sabel, Scherer, Schmaus, Schneider, Schnorbach, Seis, Seus, Steffen, Stoffel, Susenberger
Vogt
Wagner, Wolf

Wenn für eine betreffende Person oder Familie keine althergebrachten Namen existieren, so wird häufig auch der offizielle Familiennamen abgewandelt. Dann wird beispielsweise aus:

Pinger	Pingasch
Busch	Busche
Seus	Seyse
Hammes	Hammese

Kasper	Kaspasch
Krautkrämer	Krautkrämasch
Peter Busch	Busche Peder

4.3 Ortsnamen

Äbschid	Ebschied
Allege	Alken
Altwerebach	Altweidelbach
Annernach	Andernach
Arjedahl	Argenthal
Banad	Badenhard
Beggebach	Bickenbach
Beldem (K), Beeldem (E)	Beltheim
Benzert	Benzweiler
Berrasch	Petershäuserhof
Beylich	Beulich
Biewere	Biebern
Biewerem, Biewerum	Biebernheim
Binge	Bingen
Birgem	Birkheim
Boch (mit geschlossenem o)	Buch
Borje (mit offenem o)	Burgen

Brausert	Braunshorn
Brorebach (mit geschlossenem o)	Brodenbach
Bruttisch	Bruttig
Bubbard	Boppard
Büchebeure	Büchenbeuren
Buchelz	Buchholz
Därt	Dörth
Dellwe	Dellhofen
Dickeschid	Dickenschied
Dommasch, Dommersch	Dommershausen
Domschid (mit geschlossenem o)	Damscheid
Dorwel (mit offenem o)	Dorweiler
Durerth	Dudenroth
Emmelshause	Emmelshausen
Ewes	Eweshausen
Fallwisch	Valwig
Fleggerschhie	Fleckertshöhe
Frankweyler	Frankweiler
Gammelse	Gammelshausen
Geminne	Gemünden
Gerath	Gödenroth

Gondasch, Gondersch	Gondershausen
Halsebach	Halsenbach
Herschwisse	Herschwiesen
Heyweyler	Heyweiler
Hiewige	Hübingen
Hollnich (mit geschossenem o)	Hollnich (mit offenem o)
Holzert (mit geschlossenem o)	Holzfeld
Hondem (mit geschlossenem o)	Hundheim
Honschad (mit geschlossenem o)	Hungenroth
Kelle	Köln
Kerbrisch/Kirchbersch	Kirchberg
Kleinwerebach	Kleinweidelbach
Korwel (mit offenem o)	Korweiler
Kowelenz (mit geschlossenem o)	Koblenz
Kratzeborsch	Kratzenburg
Kreyznach	Bad Kreuznach
Laurert	Laudert
Leesch	Lieg
Leiwe	Leiwen

Lenneschid	Lindenschied
Letz	Lütz
Liebshause	Liebshausen
Liesefeld	Liesenfeld
Linger	Lingerhahn
Lissenich	Liesenich
Lohr (mit geschlossenem o)	Lahr
Magge	Macken
Mäsbad	Maisborn
Masdasch	Mastershausen
Mengerschid	Mengerschied
Mermet	Mermuth
Mierschdorf	Mörsdorf
Mierz	Mörz
Millbad	Mühlpfad
Münche	München
Mursche	Morshausen
Nannese	Nannhausen
Närdasch	Nörtershausen
Niederborsch	Niederburg
Noath	Norath
Obbehause (K/E)	Oppenhausen

Owerfell	Oberfell
Paffeheck	Pfaffenheck
Palzert	Pfalzfeld
Pisspott	Piesport
Pleize	Pleizenhausen
Rainbölle	Rheinböllen
Ravengiersborsch	Ravengiersburg
Rhaune	Rhaunen
Salzisch	Bad Salzig
Sawasch, Sawersch	Sabershausen
Schlierschid	Schlierschied
Schnälbach	Schnellbach
Seichert	Sargenroth
Siemere (in Gegend um Simmern), Simmere	Simmern
Spabregge	Spabrücken
Stiebse	Stipshausen
Stremmisch	Altstremig, Mittelstremig
Strombersch	Stromberg
Thierlinge	Thörlingen
Ubbehause (Region Oppenhausen)	Oppenhausen
Urrehause	Udenhausen

Utze	Utzenhain
Weschem	Wüschheim
Wiwellsem	Wiebelsheim
Zellse	Zilshausen

Im Hunsrück gibt es viele Orte, die im DE auf „...ershausen" enden, im HP wird daraus meist, aber nicht immer „...asch". Aus der DE Ortsendung „...schied" wird im HP „schid", aus der DE Ortsendung „...burg" wird im HP „...borsch".

Einige Ortsnamen werden wie im DE gesprochen, Beispiel: „Berlin". Und: Auch mitten im Hunsrück gibt es Orte, die im HP genauso gesprochen werden wie im DE, Beispiele: Sevenich, Kastellaun, Uhler.

Im HP kaum genutzte oder unbekannte Ortsnamen werden wie im DE gesprochen, allerdings gilt auch hier die Regel, dass aus der DE Endung „...en" im HP „...e" wird. Beispiel: „Dresde" für Dresden.

4.4 Spitznamen der Dorfbewohner

Wie vielerorts war es auch im Hunsrück weitverbreitet, den Bewohnern eines bestimmten Dorfes Spitznamen zu geben. Heute werden diese Spitznamen kaum noch verwendet.

Beispiele:
Buch: Bocher Wend
von: Wind um etwas machen, angeben
Dommershausen: Dommascher Brustlabbe
Gondershausen: Gonderscher Besembenner
weil viele Gondershausener Besen gebunden und verkauft haben
Herrstein: Hankel
vom Vornamen Johann-Karl abgeleitet
Korweiler: Korweler Mausur
Kratzenburg: Kratzeborjer Ometzele
bekannt heute vor allem durch den Namen des Kratzenburger Karnevalsvereins
Oppenhausen: Ubbeheyser Siggelscher
flinke Menschen
Sabershausen: Sawascher Wasserpänz
Sevenich: Sevenicher Seybune
Uhler: Uhlerer Blohkäpp
weil Uhler protestantisch war
Zilshausen: Zellser Feeß
auch Synonym für große Füße

5 Grammatik im Honsregger Platt

Grammatik? Ja, natürlich Grammatik. Ebenso verhasst wie notwendig und selbstverständlich richtig, wenn man die Sprache beherrscht. Also los damit. Oder vergessen Sie dieses unrühmliche Kapitel einfach.

Wie in jeder guten Grammatik gilt: Ausnahmen bestätigen die Regel.

Scherz beiseite: die Honsregger Grammatik ist der Hochdeutschen sehr ähnlich, um nicht zu sagen sind beide beinahe identisch. Deshalb hier nur ein paar grammatikalische Hinweise, insbesondere zu den Zeiten.

5.1 Zeiten im Allgemeinen

Im Honsregger Platt wird nicht zwischen Perfekt und Präteritum unterschieden. Begründet liegt dies wohl auch darin, dass das HP keine Schriftsprache ist. Im DE wird für die Vergangenheitsform in der gesprochenen Sprache meist Perfekt, in der Schriftsprache eher Präteritum verwendet. Beispiel: DE „ich habe gebracht“ und „ich brachte“ heißt im HP beides „ich hon braacht“.

Die Vergangenheitsform des HP wird meist mit hon/sen (haben/sein) respektive den entsprechenden Konjugationen und der HP Vergangenheitsform des Verbs gebildet, die oft ohne „ge“-Vorsilbe auskommt, oft auch wahlweise mit genutzt werden kann.

In Verbindung mit Reflexivpronomen wird die „ge“-Vorsilbe dagegen meist verwendet. Beispiel: ich hon mich gefreut = ich habe mich gefreut/ich freute mich.

Manche Wörter kann man im HP ohne hon/sen oder mit „ge“-Vorsilbe verwenden. Beispiel: „ich hon daacht/ich daacht/ich hon gedaacht“, alle drei Formen sind hier erlaubt bzw. nicht unüblich, sie geben alle drei die gleiche Zeit an und alle drei bedeuten im DE „ich habe gedacht“ oder „ich dachte“.

Wollte man die Vergangenheitsform des HP im DE beschreiben, würde sie wohl am ehesten einer Kombination aus Perfekt und Präteritum entsprechen.

Ansonsten gibt es die gleichen Zeiten wie im Hochdeutschen. Unter Beachtung der übrigen Regeln gelten für Konjugationen im HP die gleichen Regeln wie im DE.

5.2 Beispiele und Hinweise zu verschiedenen Zeitformen

Gegenwartsform (Präsens)

ich lafe	ich laufe
dau leifst	du läufst
ä, et, dat leift	er, sie, es läuft
mir lafe	wir laufen
dir laft	ihr lauft
die, sey lafe	sie laufen

Im HP wird häufig „tun“ verwendet, es kann sowohl „ä läft“ als auch „ä deet lafe“ (er läuft) gesagt werden, entsprechend „ich lafe“ oder „ich doon lafe“ (ich laufe) gleichbedeutend kann im vorangegangenen Beispiel daher auch verwendet werden:

ich doon lafe	ich laufe
dau deest lafe	du läufst
ä, et, dat deet lafe	er, sie, es läuft

mir doon lafe	wir laufen
dir doot lafe	ihr lauft
die, sey doon dafe	sie laufen

Ein weiteres Beispiel

ich hiere	ich höre
dau hierst	du hörst
ä, et, dat hiert	er, sie, es hört
mir hiere	wir hören
dir hiert	ihr hiert
die, sey hiere	sie hören

Möglichkeitsform (Konjunktiv)

ich dät lafe	ich würde laufen
dau däst lafe	du würdest laufen
ä, et, dat dät lafe	er, sie, es würde laufen
mir däre lafe	wir würden laufen
dir dät laft	ihr wüdet laufen
die, sey däre lafe	sie würden laufen

Vollendete Gegenwart (Perfekt) und Vergangenheitsform (Präteritum)

ich sen gang	ich bin gegangen/ich ging
dau best gang	du bist gegangen/du gingst
ä, et, dat es gang	er, sie, es ist gegangen/ er, sie, es ging

mir sen gang	wir sind gegangen/wir gingen
dir seyd gang	ihr seid gegangen/ihr gingt
die, sey sen gang	sie sind gegangen/sie gingen

Weitere Beispiele:

ich hon gesehn	ich habe gesehen/ich sah
dau host gesehn	du hast gesehen/du sahst
ä, et, dat hot gesehn	er, sie, es hat gesehen/ er, sie, es sah
mir hon gesehn	wir haben gesehen/wir sahen
dir hot gesehn	ihr habt gesehen/ihr saht
die, sey hon gesehn	sie haben gesehen/sie sahen

hon ich	habe ich
hosde	hast du
hodda, horrer	hat er
hotse	hat sie
homma	habe mir, haben wir
hodda	habt ihr
honse	haben sie

ich saad	ich sagte
dau saadst	du sagtest
ä, et, dat saad	er, sie, es sagte
mir saade	wir sagten
dir saad	ihr sagtet

die, sey saade	sie sagten

Verwendung von „sen“ und „hon“ im HP entsprechend den DE „sein“ und „haben“; zur zeitlichen Abgrenzung von Vorfällen werden die Begriffe „bevier“ (bevor) und „grad“ oder „grad ierscht“ (gerade erst) verwendet.

Vollendete Vergangenheit (Plusquamperfekt)

ich wor gang	ich war gegangen
dau worst gang	du warst gegangen
ä, et, dat wor gang	er, sie, es war gegangen
mir wore gang	wir waren gegangen
dir wort gang	ihr wart gegangen
die, sey wore gang	sie waren gegangen

Ein weiteres Beispiel

ich hat gesehn	ich hatte gesehen
dau hatst gesehn	du hattest gesehen
ä, et, dat hat gesehn	er, sie, es hatte gesehen
mir hadde gesehn	wir hatten gesehen
dir haddet gesehn	ihr hattet gesehen
die, sey hadde gesehn	sie hatten gesehen

Achtung: Das Verb „hon“ (haben) wird in den singulären Formen mit „t“, in den Pluralformen jedoch mit „d“ gesprochen.

Zukunftsform (Futur I)

ich were gien	ich werde gehen
dau wierst gien	du wirst gehen
ä, et, dat wierd gien	er, sie, es wird gehen

mir were gien	wir werden gehen
dir werd gien	ihr werdet gehen
die, sey were gien	sie werden gehen

Vollendete Zukunftsform (Futur II)

ich were gang sen	ich werde gegangen sein
dau wierst gang sen	du wirst gegangen sein
ä, et, dat wierd gang sen	er, sie, es wird gegangen sein
mir were gang sen	wir werden gegangen sein
dir werd gang sen	ihr werdet gegangen sein
die, sey were gang sen	sie werden gegangen sein

5.3 Mehrzahl (Plural)

Die Pluralbildung erfolgt im HP im wesentlichen wie im DE, insbesondere jedoch unter Berücksichtigung der oben bereits genannten Regel: im HP wird die Endung „...e“ verwendet, wenn im DE die Endung „...en“ verwendet wird.

5.4 Wesfall/Wessenfall (Genitiv)

Die Genitivregel im HP ist ganz einfach: Zwar ist es nicht grundsätzlich verboten, den Genitiv zu verwenden, er wird nur nicht verwendet. Die Frage, ob es im HP einen Genitiv gibt, stellt sich somit erst gar nicht.
Beispiele: „dämm seine Brorer“ (dessen Bruder); „äne von denne zwo Grenn“ (einer der beiden Gründe), „äne der zwo Grenn“ würde dagegen kein Hunsrücker sagen, auch wenn es nicht grundsätzlich falsch ist.

5.5 Verkürzen und Zusammenziehen

Bei „Du"-Fragen wird meist das „dau" (für „du") auf ein „de" verkürzt. Möglich ist auch, das „t" am Verbende entfallen zu lassen und das „de" direkt an das Verb anzuhängen.

Zwar ist auch die längere Form mit ausgesprochenem „dau" möglich, sie wird jedoch eher dann verwendet, wenn das „dau" betont werden soll im Sinne von „machst du das oder mache ich das".

Beispiele:

Giest dau?/Giest de?/Giesde?	Gehst du?
Michst dau dat?/Michst de dat?/Michsde dat?	Machst du das?
Leifst dau?/Leifst de?/Leifsde?	Läufst du?

Insbesondere DE „er" wird im HP häufig verkürzt bzw. als ein Wort mit dem vorangehenden zusammen ausgesprochen. HP „ä" wird dann zu „a".

Beispiele:

wor ä/wora	war er
hot ä/hodda/horra	hat er
hat ä/hadda/harra	hatte er
wie ä/wiea	wie er
wie ä/ als ä/wiea/alsa	als er
es ä/essa	ist er
wat ä/wata	was er
dat ä/data/darra/	das er/dass er
Se wosst, darra/data weg wor on hot dat Boch gesocht, darra/data metgeholt hat.	Sie wusste, dass er weg war und suchte das Buch, das er mitgenommen hatte.

Aber auch andere Wörter werden häufig mit dem vorhergehenden Wort zusammengezogen.

Beispiele:

hot da/hodda	habt ihr
hat da/hadda	hattet ihr
wort dir/worda	wart ihr
hon se/honse	haben sie
kann ma/kamma	kann man
wenn ma/wemma	wenn man

Siehe hierzu auch ein Beispiel im Abschnitt 5.2.

Die im HP häufig verwendeten Formulierungen „dat do“ (DE „das dort“) und „do dat“ (DE „dort das“) werden ebenfalls meist als ein Wort gesprochen, also „datdo“ und „dodat“.

HP „dämm“ (DE „dem“/„ihm“/„ihr“) wird häufig zu „em“ oder „′m“ verkürzt und mit dem vorangehenden Wort zusammengezogen.

Beispiele:

offem halwe Wääsch/ off′m halwe Wääsch off dämm halwe Wääsch	auf halbem Wege
zo′m/ zoem/ zo dämm	zu ihm/zu ihr

Ähnlich wird HP „inn“ (DE „ihn“) häufig zu „en“ oder ′n“ verkürzt. Beispiel: DE „sie hat ihn gerufen“ wird zu HP „se hot en gerof“, „se hot′n gerof“ oder „se hot inn gerof“.

6 Honsregger Platt, mitgenommen in die neue Heimat

6.1 Riograndener Hunsrückisch

Den meisten von Ihnen wird bekannt sein, dass insbesondere Mitte des neunzehnten Jahrhunderts viele Hunsrücker nach Brasilien ausgewandert sind. Der Film „Die andere Heimat – Chronik einer Sehnsucht“ hat auch das thematisiert. Eine Variante des Honsregger Platt wird heute noch in Teilen Südbrasiliens gesprochen, insbesondere im Bundesstaat Rio Grande Do Sul. Zum Teil bestehen wieder recht enge Kontakte zwischen Menschen dieser Region und des Hunsrücks, und über gegenseitige Besuche wird gelegentlich in den Medien berichtet.

Natürlich hat sich das Honsregger Platt in Brasilien in den fast zweihundert Jahren seit der Auswanderung verändert und wurde von Dialekten anderer deutscher Auswanderer und dem Portugiesischen beeinflusst. Und manche Wörter, wie z.B. DE „Auto“ (HP „Audu“), gab es zur Zeit der Auswanderung noch gar nicht. Heute nennt man die in Brasilien gesprochene Variante des Honsregger Platt „Riograndenser Hunsrückisch“.

Einen bleibenden Einschnitt erfuhr dessen Verwendung, als während des zweiten Weltkriegs der Gebrauch des Deutschen in der Öffentlichkeit in Brasilien verboten und somit auch die auf Deutsch unterrichtenden Schulen geschlossen wurden. Heute ist Riograndenser Hunsrückisch eine regional anerkannte Sprache in Brasilien und erlebt eine kleine Renaissance, je nach Quelle sprechen es noch einige hunderttausend bis zu zwei Millionen Menschen. Wie sich eine Sprache wandelt und dass den Menschen das Riograndenser

Hunsrückisch wichtig ist, zeigt auch die Auseinandersetzung darüber, ob man dessen Schreibweise besser an das Portugiesische oder an das Deutsche anlehnen sollte.

Über Videoportale im Internet können Sie einen Eindruck davon bekommen, wie sich Riograndenser Hunsrückisch anhört.

6.2 Banatschwäbisch

Nicht nur nach Brasilien, auch in andere Länder gab es Auswanderungswellen aus dem Hunsrück, verbunden mit einem Export des Honsregger Platt, und man verstand dort unter „Deutsch sprechen“ „Honsregger Platt sprechen“ oder zumindest einen Dialekt, der diesem sehr nahe kam. Regional längerfristig durchsetzen konnten sich dem Honsregger Platt sehr nahe kommende Dialekte neben Südbrasilien auch im Banat, einer heute größtenteils in Rumänien, teilweise in Ungarn und Serbien liegenden Region.

Als sich zu Beginn des achtzehnten Jahrhunderts die Herrschaft Österreich-Ungarns im Banat etablierte, war diese Gegend durch die vorausgegangenen Ereignisse – Türkenkriege und Pest – fast menschenleer. So wurden vor allem unter Maria Theresia Boten losgeschickt, um Siedler zu werben, diese und ihre Nachfahren sind heute als Banater Schwaben bekannt, auch wenn nur ein Bruchteil der Siedler tatsächlich aus Schwaben kam. Geworben wurden die Siedler vor allem im damaligen südwestdeutschen Sprachraum, dazu gehörten auch Elsass-Lothringen, das Saarland und eben der Hunsrück, und so wurde zumindest in Teilen des Banats ein deutscher Dialekt gesprochen, der dem Honsregger Platt sehr nahe kam und als Banatschwäbisch bezeichnet wird. Im Gegensatz zum Umland wurde im Verwaltungssitz Temeswar allerdings ein Dialekt gesprochen, der dem Wienerischen sehr nahe kam – denn von Wien wurden die verwaltenden Beamten entsendet.

Nie werde ich die Worte einer Nachbarin und rumänendeutschen Aussiedlerin vergessen, die davon berichtete, als sie das erste Mal die „Heimat"-Filmserie im Fernsehen gesehen und verwundert festgestellt hatte: „Die sprechen ja wie wir zu Hause." Ich fragte nach: „Echt?" Und sie antwortete, dass die Sprache zumindest zu neunzig Prozent identisch sei.

Ins Honsregger Platt während der Napoleonischen Besatzung eingeflossene Lehnwörter aus dem Französischen konnten die Banater Schwaben natürlich noch nicht mitnehmen, da sie größtenteils vor dieser Zeit ins Banat ausgewandert sind.

Bis zu Beginn der Neunzigerjahre des zwanzigsten Jahrhunderts sind die meisten Nachfahren dieser ehemaligen deutschen Aussiedler ihrerseits nach Deutschland ausgewandert, und das Banatschwäbisch ist heute in Rumänien so gut wie ausgestorben.

Auch für andere südöstliche Herrschaftsgebiete wurden im achtzehnten Jahrhundert von Österreich-Ungarn Siedler geworben, insbesondere war der Anteil der aus dem Hunsrück stammenden Siedler für die Batschka hoch.

Es sei noch darauf hingewiesen, dass die Auswanderung aus Deutschland nach Siebenbürgen bereits einige Jahrhunderte vor derjenigen ins Banat stattfand und Siebenbürgisch-Sächsisch nicht mit Banatschwäbisch zu verwechseln ist.

6.3 Pennsylvaniadeutsch

In Teilen der USA und Kanada gesprochen, mit wiederum regionalen Unterschieden, hat sich Pennsylvaniadeutsch aus der Sprache insbesondere in der alten Heimat religiös verfolgter Einwanderer (Täuferbewegung und daraus hervorgegangene Religionsgemeinschaften) aus dem südwestdeutschen Raum sowie der Schweiz entwickelt. Obwohl Pennsylvaniadeutsch wie Banatschwäbisch nicht explizit auf den Hunsrücker Raum zurückgeht, darüber hinaus in diesem Fall die allermeisten der Einwanderer nicht aus dem Hunsrück stammten und man es eher dem Pfälzischen zuordnet, gibt es eine große Ähnlichkeit zum Honsregger Platt.

Pennsylvaniadeutsch wird auch als Pennsilfaanisch/ Pennsylvanisch Deitsch oder Pennsylvania Dutch/German bezeichnet.

7 Saarländisch

Saarländisch? Was hat denn das hier zu suchen? Oder besser: Saarlännisch? Wat soll dann dat hey? Gab es etwa Auswanderungswellen aus dem Hunsrück ins Saarland...? Scherz beiseite ...

Wie in jedem Dialekt gibt es auch im Saarländischen regionale Unterschiede, und wie im Hunsrücker Platt begegnen sich hier Moselfränkisch und Rheinfränkisch und gehen ineinander über. In südöstlichen Landesteilen ist das Saarländische sicher näher am Pfälzischen, insgesamt ähneln sich das Hunsrücker Platt und das Saarländische in manchen Regionen aber so sehr, dass sie beinahe zum Verwechseln ähnlich sind. Und deshalb ist Saarländisch hier erwähnt.

8 Debbekooche

Debbekooche ... jo, dat wär et jetzt ... entschuldigen Sie, eben habe ich einen Gedanken ganz unzensiert zu Papier gebracht. Aber ein Wörterbuch zu schreiben und selbst es nur zu überarbeiten, ist ganz schön anstrengend, und so langsam werde ich hungrig.

Kennen Sie Debbekooche? Ein nahrhaftes Kartoffelgericht, das sich auch früher schon ärmere Leute leisten konnten. Es ist ein typisches Hunsrücker Gericht und für mich eines der wohlschmeckendsten Gerichte überhaupt.

Man mag einwenden, dass auch Kappes on Erwes ein typisches Hunsrücker Gericht ist, in Richtung Idar-Oberstein wird man vielleicht sogar den Spießbraten nennen, obwohl den die ausgewanderten Edelsteinhändler aus Brasilien mit zurückbrachten. Na ja, genau genommen stammt auch die Kartoffel aus Südamerika. Man mag insbesondere einwenden, dass dies kein Kochbuch ist und so etwas hier folglich gar nicht hingehört. Und Appetit mag subjektiv machen. Manch andere Region wird sogar Debbekooche als typisch für ihre Gegend beanspruchen. Trotzdem: für mich ist Debbekooche das Hunsrücker Nationalgericht. Deshalb zum Abschluss dieses Wörterbuchs das Rezept für Debbekooche.

Zutaten:

1 kg Kartoffeln, 1 Zwiebel, 2 Eier, Pfeffer und Salz, gewürfeltes Rauchfleisch, Öl

bei Bedarf zusätzlich: ein trockenes Brötchen, Milch, Flüssigwürze

Zubereitung:
Rohe Kartoffeln reiben; ggf. ein trockenes Brötchen in warmer Milch einweichen, das Brötchen ausdrücken (die ausgedrückte Milch wird für Debbekooche nicht verwendet) und unter die Kartoffeln mischen.

Die Zwiebel fein schneiden oder reiben, untermischen.

Zwei rohe Eier untermischen; mit Pfeffer und Salz, ggf. auch Flüssigwürze würzen.

Gewürfeltes Rauchfleisch im Bräter mit Öl leicht anbraten; gemischte Kartoffelmasse in den Bräter dazu geben und vermischen. Alternativ nur Öl im Bräter erhitzen und die Rauchfleischwürfel schon zuvor in der Kartoffelmasse untermischen.

Etwas Öl oben auf die Masse geben und ggf. im oberen Teil der Masse leicht vermischen; die Masse im Bräter ohne Deckel für mindestens eine Stunde bei circa 190°C in den Backofen geben bis sie goldgelb bis bräunlich gebacken ist.

Fertig ist der Debbekooche.

Den Debbekooche mit Apfelkompott servieren.

Das folgende ist keine wörtliche Übersetzung des obigen HP Textes. Nur, falls Sie ins Zweifeln kommen sollten.

Debbekooche ... jo, dat wär et jetzt ... Ob die Leyt dat all känne? Ich kennt jo dat Rezept heyhin schreiwe. Auer dathey es kän Kochboch on Debbekooche schmackt su god, normal meßte dat suwiesu all känne. Auer wer weiß. On wer et net kännt, dä hot wat verpasst. Ich schreiwe dat Rezept ainfach heyhin on ferdisch es:

Än Kilo riee Krommbiere reiwe; die äne doon auch en trogge Brietche en warmer Melisch enweische, ausdregge on onnisch die Krommbiere mische (die ausgedreggt Melisch wird fier dä Debbekooche net gebraucht).

Än Zwiwwel klän schneire oder reiwe on dronner mische onnisch die geriwwene Krommbiere; zwo riee Eier dronner mischen; met Pfeffer on Salz wierze, ma kann ooch noch flüssisch Gewierz dozo gäwe (normal sät man em Honsregger Platt net flüssisch Gewierz dodriwwer, em Hudeitsche wohl ooch net, auer ich well kän Schleichwerbung mache).

Klän geschnitt Rauchfleisch em Bräter met Öl leicht anbrore; die gemischt Krommbieremass en dä Bräter dozo gän on vermische; ma kann ooch nur dat Öl em Bräter heiß mache on dat klän geschnitt Rauchfleisch schon vierher onnisch die Krommbieremass mische;

Bissche Öl uwe off die Krommbieremass gäwe on uwe bissche vermische;die Krommbieremasse em Bräter ohne Deckel fier mindestens än Ston bey ungefähr 190°C en dä Backofe gän bis se goldgäl bis bräunlich geback es.

Ferdisch es dä Debbekoche.

Zo dämm Debbekooche isst ma dann noch Äbbelschmier.

Mit Gerichten verhält es sich ähnlich wie mit Dialekten: Das gleiche Gericht hat in verschiedenen Gegenden mitunter leicht abweichende Rezepte. So ist es auch mit Debbekooche. – Debbekooche mache die äne bissche anichda wie die annere.

9 En Steggelche – Eine Kurzgeschichte

Dat Märche vom Schniekugelerfenner

Dä Schniekugelerfenner hot vier langer Zeyt geläft on wor en ganz besonnerer Mensch.

Schon als kläner Jung wora von Schnielandschafte on Schnieflogge fasziniert. Schnieflogge kenne alles zodegge on sauwer, weiß on schien mache, dat wor domols su on es haut noch su, on dat hot en begeistert. Su wie annere Landschafte mole, hot dä klän Jung Schnielandschafte en seinem Gedächtnis festgehall.

Wiea gruß wor, es dä klän Jung Schreiner wur. Ä wor arm on wosst kaum, wie ä sein Fra on sein Kend satt kreen sollt.

Et wor Dezember, korz vier Weihnachte, on et wor kalt on alle drei hon se gefrur, weil se kän Holz zom Stoche hadde.

Auer dat wor net alles, wat dämm arme Schreiner Sorje gemach hot. Dat ä seinem kläne Kend net su en Weihnachte bereide kond, wie et all Kenner verdent hon, on ä net wosst, wat ä em schenge sollt, dat wor noch vill schlemmer fier en.

Do hat ä en Idee. Die Idee, en Schnielandschaft met Schnieflogge en äner klän Glaskugel se baue. On su hodda die ierscht Schniekugel gebaut.

Die Schniekugel hodda seinem Kend an Weihnachte geschenkt. Wie dat Kend se en die Hand geholt, remgedräht on gesehn hot, wie die Schnieflogge off die Landschaft gefall sen on se zogedeggt hon, do wor et glecklich on hot von der Schnielandschaft gedrämt. Dat hot ooch dä Schniekugelerfenner on sein Fra glecklich gemach.

Dat Kend hot die Schniekugel dänne annere Kenner gezeit, on su hot dä Schniekugelerfenner no on no Schniekugele fier all Kenner vom ganse Dorf gebaut.

Et hot sich flott em ganse Land remgeschwätzt, wie glecklich die Schniekugele die Mensche mache. Deshalb sen emmer mie Leyt beyn komm, on fier allegar horrer nas gebaut, jedem än.

Dat Land es auer von änem biese Könisch regiert wur, dä en Saus on Braus geläft hot on fast all Reichtümer gehat hot, die ma sich iwwerhaupt vierstelle kann. Auer glecklich wora net.

Sein Volek horrer als sein Eigentum angesehn, met dämm ä mache kond, wat ä wollt, on et hot em gar net gefall, dat et wat gän hot, darra net onner Kontroll hat on dat sein Volek glecklich gemach on zom Dräme braacht hot.

Dä Könisch hot sich deshalb wat ganz Schlemmes ausgedaacht: Ä wollt en Schniekugel hon, dat ä sälwer glecklich wär, on die Schniekugele von all annere därer dann kabott mache losse.

Su hot dä Könisch sich alsu vom Schniekugelerfenner en Schniekugel en äner Goldfassung on änem met Saphire besetzte Diamantglas mache geloss.

Wie se ferdisch wor, hot dä Könisch se sich bränge geloss on lang angeguckt. Auer ä konnt nix dodran fenne. Se hoten net glecklich gemach.

Jetzt wor dä König noch mie bies on hot sein Soldade losgescheckt, damet se dä Schniekugelerfenner ensperre. Dono wollt ä dann all Schniekugele kabott mache losse.

Dä Schniekugelerfenner wor auer nirjens se fenne. Do sen die Soldade zom Schloss zregg gang, em dat dämm Könisch se verzehle. Auer ooch dä Könisch wor nimie do.

Die Schniekugele auer sen dann nimie kabott gemach wur.

Jetzt, wu dä Könisch weg wor, hon die Leyt die Fra vom Schniekugelerfenner zo seiner Königin on sein Kend zo seiner Prinzessin gewählt. Fier die Leyt hot en glecklich Zeit aangefang.

Dä Schniekugelerfenner on dä Könisch sen verschwonn bliwwe. Dat ainzische, dat ma vill Johr dono off em halwe Wääsch zwesche dämm kläne Hous vom Schniekugelerfenner on dämm Schloss vom Könisch fon hot, wor en klän Schniekugel met änem Schreiner met naggische Feeß on änem dicke Könisch dren. Beide hon glecklich dren geguckt.

Das Märchen vom Schneekugelerfinder

Der Schneekugelerfinder lebte vor einer langen Zeit und war ein ganz besonderer Mensch.

Schon als er noch ein kleiner Junge war, faszinierten ihn Schneelandschaften und Schneeflocken. Schneeflocken hatten die Kraft, alles zu bedecken und es rein, weiß und schön zu machen, das begeisterte ihn. So wie andere Menschen Landschaften in Gemälden festhalten, hielt der kleine Junge Schneelandschaften in seinem Gedächtnis fest.

Später, als er erwachsen war, wurde er Schreiner. Er war ein armer Mann und wusste kaum, wie er seine Frau und sein Kind ernähren sollte.

Es war Dezember, und das Weihnachtsfest stand vor der Tür. Der Winter war kalt und die Familie fror sehr, denn sie hatten nichts, womit sie ihre Stube hätten wärmen können.

Aber das war nicht das Einzige, das den Schneekugelerfinder bedrückte. Dass er scheinbar zu arm war, um seinem Kind ein Weihnachtsfest zu bereiten, wie es alle Kinder verdienen, das brach ihm beinahe das Herz.

Da kam ihm eine Idee. Die Idee, eine Schneelandschaft mit Schneeflocken in einer kleinen Glaskugel zu bauen. Und so baute er die erste Schneekugel.

Diese schenkte er seinem Kind zu Weihnachten. Als das Kind sie in die Hand nahm, herumdrehte und sah, wie die Schneeflocken auf die Landschaft fielen und diese bedeckten, da war es glücklich und träumte von der Schneelandschaft. Das machte auch den Schneekugelerfinder und seine Frau glücklich, und sie vergaßen darüber, dass sie arm waren.

Das Kind zeigte die Schneekugel seinen Freunden, und so baute der Schneekugelerfinder nach und nach Schneekugeln für alle Kinder des Dorfes.

Die Nachricht, wie glücklich die Schneekugeln die Menschen machten, verbreitete sich schnell im ganzen Land. Es kamen immer mehr Menschen zu ihm, und er baute für jeden eine.

Nun wurde aber das Land von einem bösen König regiert, der in Saus und Braus lebte und fast alle Reichtümer dieser Welt besaß. Aber glücklich war er nicht.

Sein Volk betrachtete er als sein Eigentum, mit dem er machen konnte, was er wollte, und es missfiel ihm ganz und gar, dass es etwas gab, das er nicht unter Kontrolle hatte und das sein Volk glücklich machte und zum Träumen anregte.

Der König spann daher einen heimtückischen Plan: Er selbst wollte eine Schneekugel besitzen, so dass er glücklich wäre, und alle Schneekugeln der anderen Menschen würde er alsdann zerstören lassen.

So ließ der König sich vom Schneekugelerfinder eine Schneekugel mit einer Goldfassung und einem mit Saphiren besetzten Diamantglas anfertigen.

Als sie fertig war, ließ der König sie sich bringen und betrachtete sie lange. Doch er konnte nichts dabei finden, sie machte ihn nicht glücklich.

Nun war der König sehr böse, und er schickte seine Soldaten los, um den Schneekugelerfinder einzukerkern. Sodann wollte er alle Schneekugeln zerstören lassen.

Der Schneekugelerfinder jedoch war nirgendwo zu finden. So kehrten die Soldaten zum Schloss zurück, um dies dem König zu melden. Doch auch der König war verschwunden.

Die Schneekugeln aber wurden nicht zerstört.

Nun, da der König verschwunden war, wählte das Volk die Frau des Schneekugelerfinders zu seiner Königin und ihr Kind zu seiner Prinzessin. Für die Menschen war eine glückliche Zeit angebrochen.

Der Schneekugelerfinder und auch der König blieben verschwunden. Das Einzige, das man viele Jahre später auf halbem Wege zwischen der Hütte des Schneekugelerfinders und dem Schloss des Königs fand, war eine kleine Schneekugel mit einem barfüßigen armen Schreiner und einem dicken König darin. Beide lächelten.

10 Eigene Ergänzungen
A - E

F - J

O - S

T - Z